ELISABETH
SANDMANN

1. Auflage 2005
ISBN 3-938045-07-8

Redaktion Eva Römer, Antonia Meiners
Gestaltung Georg Feigl, Kuni Taguchi
Herstellung Karin Mayer, Peter Karg-Cordes
Lithographie Christine Rühmer
Druck und Bindung L.E.G.O., Vicenza

Besuchen Sie uns auch im Internet unter www.esverlag.de

HERAUSGEGEBEN VON JOHANNES THIELE

Die Bilder der Deutschen

WAS UNS VERBINDET, WAS UNS BEWEGT

MIT EINEM VORWORT VON
FRANK SCHIRRMACHER

ELISABETH
SANDMANN

Inhalt

Vorwort von Frank Schirrmacher 6
Einleitung von Johannes Thiele 8

1000–1532

Vom Mittelalter bis zur Reformation 10

1000 Kaiser Otto III.
1025 Der Kaiserdom zu Speyer
1260 Uta von Ballenstedt
1300 Walther von der Vogelweide
1508 Albrecht Dürer, »Betende Hände«
1512 Der Isenheimer Altar
1532 Martin Luther

1648–1848

Von den Religionskriegen bis zur bürgerlichen Revolution 26

1648 Der Westfälische Frieden
1743 Die Wallfahrtskirche Vierzehnheiligen
1746 Johann Sebastian Bach
1781 Friedrich der Große
1787 Johann Heinrich Tischbein
1813 Die Völkerschlacht bei Leipzig
1818 Caspar David Friedrich
1839 Carl Spitzweg, »Der arme Poet«
1848 Straßenkampf vor der Paulskirche
1857 Das Goethe-Schiller-Denkmal in Weimar

1865–1918

Von der Gründerzeit bis zum Ende des Ersten Weltkriegs 48

1865 Wilhelm Busch, »Max und Moritz«
1870 Wilhelm I. auf dem Schlachtfeld von Sedan
1871 Die Proklamation des Kaiserreichs
1875 Adolph Menzel, »Das Eisenwalzwerk«
1884 Reichskanzler Otto von Bismarck
1909 Rosa Luxemburg und Karl Liebknecht
1912 Kaiser Wilhelm II. in Begleitung seiner Söhne
1914 Aufbruch in den Krieg
1918 Zerstörter deutscher Grabenabschnitt

1918–1933

Von der Weimarer Republik bis zum »Dritten Reich« 68

1918 Ausrufung der Deutschen Republik
1923 Käthe Kollwitz
1927 Otto Dix, »Großstadt«
1929 Erich Kästner, »Emil und die Detektive«
1930 Marlene Dietrich, »Der blaue Engel«
1932 Der unbekannte Arbeitslose

1933–1945

Von der »Machtergreifung« bis zum Ende des Zweiten Weltkriegs 82

1933 NS-Fackelzug durch das Brandenburger Tor
1933 Der Boykott jüdischer Geschäfte
1933 Die Bücherverbrennung
1934 Carl von Ossietzky im Konzentrationslager
1936 Max Schmeling besiegt Joe Louis
1938 Die Pogromnacht
1939 Einmarsch deutscher Truppen in Prag
1942 Anne Frank
1943 Sophie Scholl
1943 Felix Nussbaum
1943 Bomben auf deutsche Städte
1943 Kapitulation bei Stalingrad
1944 Konzentrationslager Auschwitz
1944 Julius Leber vor Gericht
1945 Die Sowjetflagge auf dem Reichstag
1945 Kapitulation der Wehrmacht

1945–1961

Von der »Stunde Null« bis zur deutsch-deutschen Krise 116

1945 Deutsche Flüchtlinge
1946 Trümmerfrauen
1945/46 Hauptkriegsverbrecherprozeß in Nürnberg
1946 Die Gründung der SED
1947 Schulspeisung
1948 Die Währungsreform in den drei Westzonen
1948/49 Berlin-Blockade und Luftbrücke
1949 Die Unterzeichnung des Grundgesetzes
1951 Albert Einstein
1951 Bertolt Brecht
1953 Thomas Mann
1953 Der Volksaufstand in der DDR
1954 Das Wunder von Bern
1955 Die letzten Kriegsheimkehrer
1955 Der millionste VW-Käfer
1957 Ludwig Erhard
1957 Gustaf Gründgens als Mephisto
1957 Junge Pioniere in der DDR
1958 Kampagne des DGB
1959 Das Sandmännchen in Ost und West
1960 Konrad Adenauer und David Ben Gurion
1961 Der Eichmann-Prozeß

1961–1989

Vom Bau der Mauer bis zum Ende des kalten Krieges 160

1961 Der Bau der Berliner Mauer
1961 Der Sprung in die Freiheit
1962 Die Sturmflut in Hamburg
1962 Die *Spiegel*-Affäre
1963 Der Elysée-Vertrag
1963 John F. Kennedy in Berlin
1963 Das Wunder von Lengede
1967 Studentischer Protest in Hamburg
1968 Demonstration gegen den Vietnamkrieg
1968 Rudi Dutschke
1970 Willy Brandts Kniefall in Warschau
1970 Die Unterzeichnung des Moskauer Vertrags
1972 Das Attentat während der Olympischen Spiele
1973 Das Sonntagsfahrverbot
1974 Deutschland wird Fußballweltmeister
1975 Die Sicherheitskonferenz von Helsinki
1976 Wolf-Biermann-Konzert in Köln
1977 Die Entführung von Hanns Martin Schleyer
1982 Das Ende der sozialliberalen Ära
1983 Demonstration gegen den Paragraphen 218
1983 Der Einzug der Grünen in den Bundestag
1984 Helmut Kohl und François Mitterand
1985 Boris Becker siegt in Wimbledon
1988 Steffi Graf erobert Wimbledon
1986 Michail Gorbatschow auf dem SED-Parteitag
1989 DDR-Bürger in der Prager Botschaft

1989–2005

Vom Fall der Mauer bis heute 210

1989 Die friedliche Revolution in der DDR
1989 Der Mauerfall
1990 Helmut Kohl in Erfurt
1990 Die Feier zur Wiedervereinigung Deutschlands
1990 Ronald Reagans Besuch in Berlin
1990 Vor dem Arbeitsamt Berlin-Marzahn
1995 Die Reichstagsverhüllung
1997 Ernst Jünger
1998 Die rot-grüne Koalition
2002 Abschied von der D-Mark
2002 Die Loveparade in Berlin
2002 Die Flutkatastrophe an der Elbe
2005 Papst Benedikt XVI.
2005 Denkmal für die ermordeten Juden Europas

Die Herzogin Anna Amalia Bibliothek

Kurzviten der Textpaten 242
Nachweise 246

Vorwort

Der Kanon der Bilder

Es gibt einen Kanon der deutschen Literatur, aber einen Kanon der Bilder gibt es nicht. Das ist erstaunlich. Unser Gedächtnis besteht aus Bildern, ebenso wie unsere Sprache. Wir sammeln Texte in repräsentativen Anthologien für jeden erdenkbaren Zweck; doch mit dem Bildvorrat, den imaginativen Erinnerungsstücken, die man durch den Alltag trägt, bleibt jeder allein.

Jede Woche veröffentlicht Marcel Reich-Ranicki – und das nun schon seit über dreißig Jahren – in der *Frankfurter Allgemeinen Zeitung* Gedichte der deutschen Literatur, denen eine Deutung ihrer Leser beigegeben ist. Der Interpret sagt, warum ihm gerade dieses Gedicht etwas bedeutet und was es ihm wert ist. Der Zuspruch ist groß. Man mag es, wenn man sieht, daß man mit seinen Vorlieben nicht alleine ist. Und man mag es, von den Vorlieben anderer zu lernen.

Diese Idee stand bei dem vorliegenden Buch Pate, eine Idee, die mich sofort überzeugt hat, und es hat mich überrascht, daß noch niemand vorher auf diesen einfachen und einleuchtenden Einfall gekommen war. So kann ich jetzt wenigstens in einem Vorwort meine begeisterte Zustimmung bekunden.

Es stimmt nämlich nicht, was man allerorten hört, daß nun ausgerechnet wir Heutigen die ersten sind, die mit der Macht der Bilder zu leben haben. Seit jenen Tagen, als Menschen zum ersten Mal einander etwas erzählen wollten, haben sie sich in Bildern ausgedrückt. Immer schon kannten sie die Macht des Bildes, sie benutzten sie zur Etablierung von Traditionen, zur Darstellung großer und gefährlicher Ereignisse, als Pfand, um den Tod zu überwinden. Man hat Bilder gemalt – mit Holzkohle oder Blut, mit Stift, Pinsel und Farbe, und man hat sich Bilder

erzählt. Zuletzt hat Sigmund Freud in Traumbildern die Geheimbotschaften der Seele entschlüsselt und damit ein ganzes Jahrhundert in Atem gehalten und nachhaltig verändert. Denn nunmehr fragen wir uns: Was bedeutet ein Bild? Was verschlüsselt es? Was steckt in der Verschlüsselung?

Auch was die Photographie anbelangt, sind wir in einen Prozeß der Demokratisierung eingetreten. Es gibt keinen repräsentativen Speicher, der die Bilder bewahrt, und keine Instanz, die nur auch jene nennt, die man gesehen haben muß. Statt dessen sind wir in eine Phase eingetreten, in der das Recht zur Reproduktion des bereits Reproduzierten zum Thema der internetgesteuerten Öffentlichkeit wird. Kein Zufall, daß Bill Gates, einer der größten Computerpioniere unseres Zeitalters, im Begriff ist, die Rechte an den wichtigsten Bildern und Photographien der letzten Jahrhunderte zu erwerben. Und weil jeder alles sehen kann, trägt jeder seine eigenen Bilder im Kopf: historische Ereignisse, Fernsehbilder, Illustrationen, Gemälde. Aber manche, und dies sind dann die echten Ikonen, finden sich in fast allen Köpfen wieder. Alle diese Bilder zusammen machen die Geschichte des einzelnen und die Geschichte seines Landes aus. Dies ist, was die Bilder im vorliegenden Band erzählen. Entstanden ist ein imaginäres Museum mit den Bildern der Deutschen, die unsere fernere und ganz nahe Vergangenheit widerspiegeln. Die ihnen beigegebenen Texte haben Menschen geschrieben, die in diesem Land leben oder zu ihm eine enge Beziehung haben. »Die Bilder der Deutschen« ist ein Buch über unsere Geschichte und Kultur.

[Frank Schirrmacher]

Einleitung

Bilder einer Ausstellung

Schon Friedrich Nietzsche diagnostizierte hellsichtig: »Es kennzeichnet die Deutschen, daß bei ihnen die Frage ›Was ist deutsch?‹ niemals ausstirbt.« Wie sollte sie auch, angesichts ihrer wechselvollen Geschichte, die erhebende Höhepunkte ebenso kennt wie tiefste Schuld und namenlosen Schrecken? Was könnte die bohrende Frage nach einem »deutschen Patriotismus« auch lösen oder beantworten?

Es ist verführerisch, das struppige und verminte Gelände der Worte zu verlassen, die Nachrichten, die Debatten, die Beschwörungen, und sich einzulassen auf die Ruhe und die zwingende Kraft, die in Bildern liegt – jenseits der künstlich erzeugten Aufgeregtheiten und der Spektakel in den Medien.

Hier wird der Weg der Bilder eingeschlagen – Gemälde, Plastiken, Plakate und Fotos, die sich tief eingebrannt haben ins kollektive Gedächtnis der Deutschen. Ein Bild sagt bekanntlich mehr als tausend Worte. Ob mit dem Pinsel auf die Leinwand, ob auf Zelluloid gebannt, großflächig oder kleinformatig, monumental oder in all ihrer Flüchtigkeit eingefangen – Bilder erzählen Geschichten, Bilder schreiben Geschichte. In ihnen spiegelt sich alles: Angst und Hoffnung, Stolz und Vorurteil, Freude und Trauer, Glück und Schmerz. Eine Geschichte der Emotionen vor allem, eine Geschichte deutschen Lebens. Große und kleine Tragödien. Augenblicke nationalen Erstaunens und emotionaler Wucht, oft als Wunder empfunden und etikettiert: das Wunder von Bern, das Wunder von Lengede, das Wunder der friedlichen Revolution in der DDR. Hier werden in einem visuellen Erzählstrom Geschichten erzählt, tradiert, verdichtet. Viele der hier gesammelten Bilder sind uns bekannt und vertraut, manche bis zum Überdruß. Wirklich? Wir kennen sie aus Schulbüchern, Fernsehdokumentationen, Zeitschriften. Sie gehören sozusagen zum Portfolio, zum unverrückbaren Inventar der Illustration unserer Geschichte. Doch gerade weil sie uns so vertraut scheinen, haben wir uns abgewöhnt, genau hinzuschauen, sie überhaupt noch auf uns wirken zu lassen. Dieses Bilderbuch voller interessanter Bezüge will daher vor allem *festhalten*, nicht nur das ferngerückte historische Ereignis, sondern auch den Betrachter. Es will ihn bannen, ihn konfrontieren mit schicksalhaften Augenblicken, symbolträchtigen Inszenierungen, magischen Momentaufnahmen, die für eine Epoche stehen oder das Schicksal ganzer Generationen widerspiegeln: Kulminationen, Zeitdokumente von bleibendem Wert.

Es gehört zur Ambivalenz der Bilder, daß sie aber auch manipulieren: Ihre kristalline Form verführt dazu, in ihnen sozusagen die Fingerabdrücke des Weltgeistes zu sehen, der in der Geschichte zu sich selbst kommt. Um dieser Gefahr zu entgehen, erfahren die ausgewählten Bilder auch eine Deutung. Die Idee der Verlegerin Dr. Elisabeth Sandmann, sie nicht nur – wie ursprünglich vorgesehen – mit historischen Zitaten, sondern vor allem mit Kommentaren, teils auch autobiographischen Aussagen von Zeitgenossen zu illustrieren und ihnen somit einen Rahmen zu geben, fand ein begeistertes Echo: Die angefragten »Textpaten« sagten spontan zu, verzichteten auf ein Honorar, das der Verlag dem Wiederaufbau der nach einem schweren Brand 2004 verwüsteten Herzogin Anna Amalia Bibliothek in Weimar zukommen lassen wird. Ihnen gilt an dieser Stelle ein besonders herzlicher

Dank. Und er gilt auch jenen, die dem Verlag geholfen haben, bekannte Persönlichkeiten zu kontaktieren.

Weder die Bilder noch ihre Kommentare »verordnen« irgendeine Sicht. Und doch sind »Die Bilder der Deutschen« auch ein Kanon. Ein Kanon jedoch, der nichts festschreiben und anderes ausgrenzen will, der nicht bestimmen will, was »man gesehen haben muß«. Er ist so angreifbar wie jede andere Zusammenstellung, auch wenn hier subjektive Favorisierungen nach Möglichkeit ausgeschlossen wurden, sondern begründbare und einsichtige Kriterien die Auswahl geleitet haben: Die Bilder sollten von herausragender Relevanz und Bedeutung sein, sie sollten eine gewisse Wirkungsmacht und Prägekraft haben. Und es sollten nach Möglichkeit *Bilder* sein, keine beliebigen Porträts von »großen Deutschen«, keine Postkartenmotive von Erinnerungsorten oder »Schicksalsstätten« deutscher Geschichte, keine Themen und Sujets, die aus Gründen irgendeines Proporzes Berücksichtigung finden.

So fanden aus mehreren hundert Vorlagen ausgerechnet diese Bilder Eingang in das Buch. Zum Schluß mußten schmerzliche Schnitte unternommen werden, und daß so vieles fehlt, ist Herausgeber und Verlag nur allzusehr bewußt. Sie haben sich auch Kompromissen nicht verschlossen – so wurden beispielsweise divergierende Vorschläge einiger Textpaten berücksichtigt.

»Was uns verbindet, was uns bewegt«. Der Untertitel des Buches ist Programm. Die Bilder der Deutschen sind ein Schatz, der allen gehört. Sie sind das, was uns eigen ist. Ohne diese bewegenden Bilder können wir uns nicht verstehen. Sie sind zu Ikonen geworden, Bilder nicht der Anbetung, doch der Vergewisserung. In ihnen erkennen wir nicht nur wie in einem Brennglas den Geist und Ungeist früherer Zeiten, wir erkennen uns selbst: in unserem verletzten Stolz, in unseren Verblendungen, in unseren hochfliegenden Hoffnungen und grauenhaften Abstürzen. Eine »Deutschstunde« in Bildern.

In der Ruhe der Betrachtung, zu der dieses Buch einlädt, in der Kontemplation der Bilder – der Schrecken und der Schönheit dessen, was wir mit unserem individuellen Auge aufnehmen – kann Verbundenheit entstehen, ein Gefühl der Zusammengehörigkeit. Das Verweilen in diesem Buch hat etwas Berührendes, gelegentlich Erschütterndes und sogar Erregendes. Man sollte der Versuchung zum bloßen Konsum widerstehen, nicht flüchtig darin blättern, sondern ganz einfach von vorne beginnen, weil sich dann so etwas wie ein Rhythmus einstellt, ein historischer Fluß, eine Seismographie von Vergangenheit, von der auch all unsere Gegenwart und unsere Zukunft unwiderruflich geprägt sind.

Es sind Bilder einer Ausstellung, und in diesem Sinn sollte man durch das Buch gehen: wie durch eine Ausstellung der Deutschen. Sie zeigt uns den Spiegel, in dem wir uns erkennen, in dem wir an uns zweifeln und verzweifeln, in dem wir unsere zerrissene Seele wiederfinden können. Diese in vielerlei Hinsicht verspätete und verunglückte Nation kann ohne ihre Bilder nicht leben. Nicht ohne die Bilder, in denen ihre ganz eigene Wahrheit zum Ausdruck kommt, unverlierbar. In ihnen sind ihre Herzschläge spürbar. Sie sind ihr Kardiogramm.

[Johannes Thiele]

1000 – 1532

Vom Mittelalter bis zur Reformation

1000

Kaiser Otto III.

Er war der Sohn eines sächsischen Kaisers und einer byzantinischen Prinzessin. Als dreijähriges Kind folgte er seinem Vater auf den deutschen Königsthron nach. Als halbwüchsiger Kaiser fand Otto III. die Mitte seiner Welt in Rom – dem Haupt des Erdkreises, der Stätte von Aposteln und Märtyrern, wo Papst und Kaiser in Eintracht ihren Sitz haben sollten. »Kindliches Spiel« nannten schon Zeitgenossen solchen Ehrgeiz, die Welt von ihrem Mittelpunkt aus zu erneuern. Aber der jugendliche Otto suchte auch am Grab Karls des Großen in Aachen die Nachfolge des fränkischen Neugründers eines christlichen Imperiums. Sein prunkvolles Bild aus der Prachthandschrift seines Evangeliars, gemalt um 1000 im Kloster Reichenau, zeigt das Erbe dieser kurzen und bewegten Regierung: Die neuen Völker des Nordens sollten sich den alten des Südens anschließen, und so fanden die Deutschen ihre erste Form als Römer. Otto III. starb 1002 mit 22 Jahren nahe bei Rom und liegt im deutschen Aachen: »Bedeckt das Grab mit Rosen,/ Das ich so früh gewann,/ Und legt den tatenlosen/ Zum tatenreichsten Mann.« So dichtete 800 Jahre später August von Platen.

[Gustav Seibt]

Otto III., deutscher König und römischer Kaiser (980–1002), Huldigungsbild aus dem Evangeliar Ottos: der Kaiser thronend zwischen geistlichen und weltlichen Standesvertretern. Die Handschrift ist ein Glanzstück ottonischer Buchmalerei, sie enthält einen Zyklus von 29 ganzseitigen, farbenprächtigen Illustrationen.
München, Bayerische Staatsbibliothek

1025

Der Kaiserdom zu Speyer

Der Dichter Stefan George rief nach Sühne durch Blut und Zornestränen für die Schändung des »Weihtums«, als man im Jahr 1900 die Gräber unter dem Chor des Speyerer Doms öffnete. Aber es braucht nicht Georges Pathos, um den historischen Rang der Kathedrale am Rhein zu würdigen. Wie kein zweites Bauwerk in Deutschland verkörpert das tektonisch zerklüftete, massig ausschwellende Steingebirge den Machtanspruch der hochmittelalterlichen Kaiser. Wohl im Jahr 1025 begann Konrad II., der erste Salier auf dem Thron, den romanischen Dom in damals ungeheuren Proportionen, aber noch mit hölzerner Flachdecke. Bereits nach 1080 – nicht zufällig mitten im Investiturstreit mit dem Papst – baute ihn sein Enkel Heinrich IV. zu einer riesigen, antikisch verzierten Gewölbebasilika um, die überall in Europa Nachfolge fand. Begonnen als Familiengrablege der Salier, wurde die Speyerer Bischofskirche für drei Jahrhunderte zur Nekropole der römisch-deutschen Herrscher. Aus dem »Kuhdorf« Speyer, wie es noch um 980 hieß, war eine »Metropolis Germaniae« geworden.

[Sebastian Preuss]

Der am Hochufer des Rheins gelegene Dom – um 1025 unter Kaiser Konrad II. begonnen, im Jahr 1061 geweiht – ist das größte romanische Bauwerk Deutschlands. In der Gruft fanden mehrere Kaiser und Könige ihre letzte Ruhestätte, darunter alle Salier und der 1208 ermordete Staufer Philipp von Schwaben.

1260

Uta von Ballenstedt
im Naumburger Dom

Die Kunsthistoriker tun sich meist schwer mit der Aufarbeitung und Vermittlung des »perfekten« Kunstwerks. Zu groß ist die Erwartungshaltung des Publikums, endgültige Erklärungen zu erhalten. Die Rezeptionsgeschichte überkreuzt sich ungut mit der Aura des Kunstwerks selbst. Eine Tatsache, die der Betrachter unweigerlich spürt, wenn er den Westchor des Naumburger Doms betritt und vor den zwölf Stifterfiguren der Wettiner Herrscher steht. Ekkehard und Uta sind das berühmteste Paar dieser Reihe. Ihre körperliche Präsenz, die Vielfalt der Gesten und sinnstiftenden Bezüge innerhalb des Zyklus, die Subtilität der Steinbehandlung machen ihren einzigartigen Rang in der mittelalterlichen Skulptur aus.

Erst im 20. Jahrhundert nahm eine breitere Öffentlichkeit die Naumburger Meisterwerke wahr. Der Literat Gerhart Hauptmann war es, der als erster den Besuch in Naumburg nachdrücklich empfahl. Nach dem verlorenen Ersten Weltkrieg versuchte sich die gedemütigte Nation der Deutschen an Figuren wie der Uta wieder aufzurichten. Die Nationalsozialisten deuteten schließlich die Naumburger Stifter zu einem Musterkatalog reinrassischen Deutschtums und wahrer deutscher Kunst um. Uta wurde als Archetyp der arischen Frau immer und immer wieder dem Volk vorgeführt, im Theaterstück, als Pappmachéfigur im Propagandaumzug »Deutsche Kultur« 1937 in München, im Hetzfilm »Der Ewige Jude« 1940. Ihre keusche Unschuld schien für immer verloren.

Die vierzig Jahre deutscher Trennung hatten hier einmal ihr Gutes. Zumindest für die Westdeutschen verschwand Uta aus dem Blickfeld. Die Wiedervereinigung ermöglicht heute einen frischen Blick auf eine faszinierende Figur deutscher wie europäischer Kunstgeschichte, von der wir wissen, daß sie wohl im Jahrzehnt zwischen 1250 und 1260 aus Kalksandstein gehauen wurde – von einem unbekannten Genie, das die deutschen Traditionen und Kenntnisse der französischen Kathedralskulptur zusammenführte. Dem Betrachter bleibt die staunende, stille Bewunderung dieser mißbrauchten Kunstgestalt.

[Volker Gebhardt]

links: Uta von Ballenstedt, die Markgräfin von Meißen (1000–1046). Detail der Stifterfigur, die vom sogenannten Naumburger Meister etwa zwei Jahrhunderte später geschaffen wurde. Eine Porträtähnlichkeit ist daher unwahrscheinlich.

rechts: Ekkehard, der Markgraf von Meißen (985–1046), und seine Frau Uta sind zwei der zwölf Stifterfiguren im Naumburger Dom, die in ihrer lebensechten Darstellung zum Vollkommensten in der mittelalterlichen Plastik zählen. Über ihren Schöpfer aus dem 13. Jahrhundert weiß man nur, daß er in Frankreich und auch in Meißen gearbeitet hat.

HARTVS

1300

Walther von der Vogelweide

Walther von der Vogelweide war ein deutscher Berufsdichter ohne festen Wohnsitz um die Wende des zwölften Jahrhunderts zum dreizehnten.
Diese karge Feststellung enthält so gut wie alles, was wir von seinem äußeren Leben wissen. Nur einmal ist er in den Akten und in solchem Sinne in der Welt: am 12. November 1203, als er Geld bekommt für einen Mantel. Im übrigen ist er, was seine Dichtung ist.
Seine Dichtung freilich äußert sich wort- und aufschlußreich über ihn. Kein deutschsprachiger Dichter des Mittelalters, nicht einmal der eigenwillige Wolfram, verwirklicht sich selbst so leidenschaftlich in Versen, malt sich so ichbesessen in ihnen ab, bedient sich ihrer so selbstbefangen als eines Instrumentes persönlicher Lebensbewältigung wie Walther. Er ist nie selbstvergessen, ist immer selbstbedacht. Redet von und über sich, nennt seinen Namen, drängt das »Ich« vor: Kein anderer der deutschen Dichter damals tut das so oft, so laut, so heftig wie er.

Peter Wapnewski, 2000

Zu Beginn des 14. Jahrhunderts entstand im Auftrag des Züricher Patriziers Rüdiger Manesse die größte und schönste mittelhochdeutsche Liederhandschrift. Die Miniatur zeigt Walther von der Vogelweide (um 1170–1230), den bedeutendsten Lyriker des deutschen Mittelalters. Sie ist der Sammlung seiner Gedichte vorangestellt.
Heidelberg, Große Heidelberger Liederhandschrift, Universitätsbibliothek

1508

»Betende Hände«
Albrecht Dürer

Warum sind wir Dürer gegenüber immer noch so verklemmt? Warum lassen sich die »Betenden Hände« nicht so unbefangen und passioniert betrachten wie Blätter von Leonardo oder Raffael? Dürer selbst ist unschuldig, an seiner Meisterschaft ist nicht zu zweifeln. In spätgotischer Spiritualität lehnen sich die Hände und Finger gegeneinander und streben inständig in Richtung eines imaginären Himmels. Der Tuschpinsel arbeitet hier so fein wie die Feder: Er modelliert die Hände und Mantelmanschetten wie eine plastische Gruppe, die von links durch Weißhöhung illuminiert wird. Das Blatt gehört zu etwa zwanzig überlieferten Studien Dürers zum Frankfurter Heller-Altar, der 1509 vollendet wurde und leider zweihundert Jahre später in der Münchner Residenz verbrannte. Thema der Haupttafel ist die Himmelfahrt und Krönung Mariens – ein Geschehen, das auf der irdischen Ebene von den Aposteln anbetend und verehrend verfolgt wird. Der Altar ist nur in einer schwachen Kopie überliefert. Um so eindringlicher sind die Studien – lauter Köpfe, Hände und Draperien auf blaugefärbtem Papier. Die »Betenden Hände« sind keineswegs als Inbegriff hingebungsvoller Frömmigkeit konzipiert. Erst Rodin erfand das Pathos des Fragments und erhob seine zwei gegeneinandergelehnten Hände, die einen gewölbten Hohlraum bilden, zur »Kathedrale«. Dürers »Betende Hände« sind kein Denkmal, sondern nur Studie, ja sogar nur eine Teilstudie, die ursprünglich auch den Kopf des greisen Apostels, der rechts auf dem Altarbild kniet und betet, einbezog. Das Blatt wurde zerschnitten. Es fällt schwer, vor diesem Blatt die Unschuld des Sehens und Empfindens wiederzugewinnen. Das hat damit zu tun, daß wir uns hier selbst und einer vielfach unangenehmen deutschen Mentalitäts- und Gefühlsgeschichte begegnen. Die Dürer-Vergötzung begann früh – mal galt er als Sympathisant der Reformation, mal diente er als Frömmigkeitsidol der Gegenreformation, später des Pietismus. Vor allem aber trieben die Künstler – von den Protagonisten einer Dürer-Renaissance des späten 16. Jahrhunderts bis zu den Nazarenern, Romantikern und Akademikern des 19. Jahrhunderts – die Verehrung bis zur Wahnvorstellung von einem Künstler-Christus. Eifernde Nationalisten deformierten ihn schließlich zum essentiellen Deutschen. Diese Übertreibungen, die bis heute nachwirkende Allergien hinterließen, haben auch damit zu tun, daß in der deutschen Kunst nie wieder ein Künstler gleichen Ranges auftrat. Klaus Staeck hat einen Exorzismus versucht: Er hat den »Betenden Händen« die Frömmigkeit austreiben wollen und sie auf einer plakativen Photocollage durchbohrt und verschraubt, um die Mißachtung der Menschenrechte anzuprangern. Totzukriegen ist aber auch der Dürer der »Betenden Hände« nicht: Der Zeichner blieb das geheime Werkstatt-Idol moderner Künstler von Dix bis Tübke.

[Eduard Beaucamp]

oben: Die »Betenden Hände«, von Albrecht Dürer 1508 gezeichnet, gehören zu den populärsten Kunstwerken des Nürnberger Meisters und wurden im Lauf der Jahrhunderte zu einer Ikone religiöser Kunst.
Wien, Albertina

links: Im Jahr 1500 malte Albrecht Dürer (1471–1528) das »Selbstbildnis im Pelzrock«.
München, Alte Pinakothek

Den Isenheimer Altar schuf Matthias Grünewald (um 1475–1528) für die Hospitalkirche des Antoniterklosters im elsässischen Isenheim 1512–1516. Die erste Schauseite zeigt auf der Mitteltafel die Kreuzigung, darunter die Grablegung und auf den Seitentafeln links den heiligen Sebastian sowie rechts den heiligen Antonius, den Schutzpatron der Aussätzigen.
Colmar, Musée d'Unterlinden

1512

Der Isenheimer Altar

Wäre er nicht so schön und dramatisch, der Isenheimer Altar müsste den Betrachter nicht mehr beschäftigten als andere Kirchenbilder. Die Szenen etwa mit der Verkündigung, Kreuzigung und Beweinung, die Tafeln, die den Heiligen Antonius zeigen (der um1515 entstandene Flügelaltar wurde für die Antoniter-Präzeptorei in Isenheim bestellt) – die Motive sind nicht ungewöhnlich. Dennoch gilt das Werk als großes Rätsel. Den Maler Mathias Grünewald, der es geschaffen hat, kann man als populäres Phantom der Kunstgeschichte bezeichnen. Wahrscheinlich hieß er Mathis Neidhart, er selbst nannte sich wohl Gothart. Er unterscheidet sich in seiner Bildwelt von Zeitgenossen wie dem akkurateren Dürer, dem süffisanteren Cranach. Grünewald hat ein fast cineastisches Spektaktel der Emotionen geschaffen. Es zeigt die Bandbreite der Gesten, der Gefühle, der Grausamkeiten, auch der Lebensalter. Die jugendliche Maria, die vor dem Erzengel Gabriel kniet, wirkt scheu, auch ein wenig neugierig. Die Muttergottes, die ihr Kind auf dem Arm hält, ist majestätisch und zugleich auf eine sehr irdische Art fürsorglich. Auf der Kreuzigungstafel erscheint sie als Verzweifelte, Christus als gequälte Kreatur. Auf einer Seitentafel wird der Sohn dann zum Triumphator, der – fast schon komisch – auf seinem Weg in den Himmel eine Pause einlegt und vor einer rot gleißenden Aureole schwebt. Überall ist Bewegung: Soldaten taumeln, Engel materialisieren sich schemenhaft in der Luft, Monster stürzen sich auf Antonius. Dieser Altar ist – auch – gemalte Tragödie, die Schauder und Mitleid auslöst. Ich bekam mit zehn Jahren ein Buch über Malerei geschenkt, in dem das Werk abgebildet war und fand's faszinierend. Wer es im Musée d'Unterlinden in Colmar anschaut, den überwältigt erst recht die Wucht der Bilder.

[Ulrike Knöfel]

Lucas Cranach d. Ä. (1472–1553) malte das Bild seines Freundes Martin Luther (1483–1546) im Jahr 1532, es zeigt den Reformator als Professor in Wittenberg.

1532

Martin Luther

Da gab es nun in Wittenberg in Deutschland einen Mönch aus dem Orden der Augustiner. Er hieß Martin Luther. Als im Jahre 1517 ein solcher Ablaßhändler nach Wittenberg kam, um Geld für die neue Peterskirche einzuheimsen, deren Bau in diesem Jahr gerade von dem berühmtesten Maler der Welt, von Raffael, geleitet wurde, da wollte Luther auf diesen unkirchlichen Mißbrauch aufmerksam machen. Er schlug eine Art Plakat mit 95 Lehrsätzen an die Kirchentüre, worin er diese Art des Handelns mit der göttlichen Gnade der Vergebung anprangerte. Denn das war Luther das Schrecklichste: daß man die göttliche Gnade der Sündenvergebung durch Geld erlangen sollte. Er hatte sich immer als Sünder gefühlt, der, wie jeder Sünder, Gottes Zorn fürchten müsse. Nur eines, so fühlte er, konnte vor Gottes Strafe retten. Das war Gottes unendliche Gnade. Und die, so meinte Luther, kann ein Mensch nicht kaufen. Könnte man das, so wäre sie ja keine Gnade. Auch ein guter Mensch ist doch vor Gott, der alles sieht und kennt, ein Sünder, der Strafe verdient. Nur sein Glaube an Gottes schenkende Gnade kann ihn retten. Sonst nichts.

Ernst H. Gombrich, 1998

1648–1848

Von den Religionskriegen
bis zur bürgerlichen Revolution

»Die Beeidigung des Friedensvertrags von Münster« lautet der Titel dieses Gemäldes von Gerard ter Borch (1617–1681), das zwischen 1648 und 1680 entstand. Am 24. Oktober 1648 wurde in Münster und Osnabrück der Dreißigjährige Krieg beendet: Kaiser Ferdinand III. und die Reichsstände schlossen mit Schweden und Frankreich den Westfälischen Frieden. *London, National Gallery*

1648

Der Westfälische Frieden

Ganze Dörfer wurden verbrannt, Städte geplündert, Frauen und Kinder ermordet, geraubt und gestohlen, ohne daß ein Ende abzusehen war. Die Soldaten trieben den Bauern das Vieh weg und zertrampelten ihre Felder; Hungersnot, schreckliche, ansteckende Krankheiten, gewaltige Rudel wilder Wölfe machten weite Strecken Deutschlands zu trostlosen Einöden. Und nach all diesen grauenhaften Leiden einigten sich die Gesandten der verschiedenen Herrscher endlich in langwierigen, verwickelten Beratungen im Jahre 1648 auf einen Frieden, der ungefähr darauf hinauslief, daß alles so blieb, wie es vor dem Dreißigjährigen Krieg gewesen war. Was protestantisch gewesen war, sollte so bleiben, der eigentliche Machtbereich des Kaisers, Österreich, Ungarn und Böhmen, blieb weiterhin katholisch.
Deutschland war fast eine Wüste geworden. Kaum die Hälfte aller Einwohner waren am Leben, und die lebten in schrecklicher Not. Manche wanderten nach Amerika aus, andere versuchten, in fremde Heere einzutreten, da sie ja nichts als kämpfen gelernt hatten.

Ernst H. Gombrich, 1998

1743

Die Wallfahrtskirche Vierzehnheiligen

Hier, auf einer Anhöhe über dem Main zwischen Bamberg und Coburg, betete einst, als Pilger, der Maler Albrecht Dürer – in jener spätgotischen Wallfahrtskapelle, die später, zwischen 1743 und 1772, durch die prachtvolle Basilika Vierzehnheiligen ersetzt wurde, entworfen von dem Architekten der Würzburger Residenz, Johann Balthasar Neumann.
Ingenieur Neumann, der sich auch auf die Verfertigung von Geschützen, Glocken, Brücken, Brunnen und Feuerwerken verstand und noch 1717 unter Prinz Eugen gegen die Türken gekämpft hatte, erlebte gerade noch, wie die Mauern die Dachtraufenhöhe erreichten. Andere, vor allem der Maurermeister Thomas Nißler und Neumanns Sohn Franz Ignaz Michael, führten das Werk im Sinne des Meisters zu Ende.
Ja, es ist ein Meisterwerk – schon in der einmaligen Art, wie der genial plazierte Bau, maßvoll proportioniert und dennoch wuchtig, spielend mit bewegter Fassadenkurvatur und dennoch ausgeruht, mit seinen honiggelben Sandsteinquadern vor dem kühlen Waldgrün dahinter und unter dem – hier nicht seltenen – Barockblau des Himmels aufleuchtet. Und Wärme spendet, eine Wärme, die ein wundersames Vorspiel bietet für den Goldglanz im Inneren des christlichen Tempels.
Bei der Restaurierung der Goldmotive in den achtziger Jahren des vorigen Jahrhunderts kam es auf Feinheiten an: »Weil das Gold in einer Kirche«, so schreibt der Franziskanerpater Dominik Lutz, Autor mehrerer Bücher über Vierzehnheiligen, »Zeichen des Wesens und der Nähe Gottes ist, darum darf es nicht immer nur matt sein und tot und kraftlos wirken. Es soll nicht gleißen und nicht blenden, aber es darf und soll strahlen.« Strahlend glänzen, nicht gleißen – Vergoldung ist eine Kunst der Nuancen, bei der hier auch Hirschtalg und Bienenwachs halfen.
Eustachius, einer der vierzehn Nothelfer, nach denen die Kirche benannt ist, lindert die »Betrübniß in der Ehe«. Er hat auch meiner Not beigestanden, als ich im Herbst 1990 die Kirche besuchte, um für eine Zeitung die sechs Millionen Euro teure Jahrhundertrestaurierung zu beschreiben, deren Vollendung damals bevorstand.
Hilfe in der Not, Korrektur eines schweren Fehlers – daraus resultierte Neumanns wichtigster architektonischer Einfall. Der Bauaufseher Gottfried Heinrich Krohne hatte den Chorraum rund zehn Meter Richtung Berg verschoben, was die Fundamentierung erleichterte. Deshalb war der Gnadenaltar, den Neumann genau in der Mitte der Vierung haben wollte, ins Langhaus geraten. Neumann gab nun diesem Langhausabschnitt eine durch Säulen und Emporen markierte, ovale Raumfassung, die mit der Vierung konkurriert – um wenigstens so den Gnaden-Ort zu feiern, an dem der legendäre Schäfer Hermann Leicht im Jahre 1445 erstmals vierzehn kindlichen »Dienern« begegnete.
Geniales Resultat: Dem Betrachter entzieht sich die Mitte des Raums, sobald er glaubt, sie gefunden zu haben. Dieselbe Erfahrung machte der Barockdichter Angelus Silesius mit Gott: »Je mehr du nach ihm greifst, je mehr entwird er dir.« Solches »Entwerden« ist der Sinn dieser jauchzenden Formenfülle, die wir »Barock« nennen.

[Mathias Schreiber]

Vierzehnheiligen, beliebter Wallfahrtsort zu den vierzehn Nothelfern oberhalb des oberfränkischen Staffelstein. Die monumentale Kirche, deren Grundstein 1743 gelegt wurde, entstand nach Plänen von Balthasar Neumann (1687–1753). Sie ist ein Hauptwerk des abendländischen Barock.

Johann Sebastian Bach (1685–1750), nach einem 1746 entstandenen Gemälde von Elias Gottlieb Haussmann (1695–1774), dem einzig gesicherten Porträt des großen Musikers.
Berlin, Sing-Akademie

1746

Johann Sebastian Bach

Johann Sebastian Bach war wie kein anderer Komponist der große Lehrmeister für alle, die nach ihm kamen: ob Mozart, Beethoven oder Wagner, jede Generation hat ihn immer wieder neu für sich entdeckt. Und wenn auch viele Bach-Forscher, Musikwissenschaftler und Philosophen über den Menschen Bach und sein Werk sehr viel Wissenswertes zusammengetragen haben, wird die Musik von Bach vielleicht für immer ein Geheimnis bleiben – sein Genie scheint ein Mysterium. Dadurch ist Bach zur globalen Kultfigur, zum »Urvater der Harmonie« geworden. Der Komponist Mauricio Kagel faßt dies folgendermaßen zusammen: »Es mag sein, daß nicht alle Musiker an Gott glauben, an Bach jedoch alle!« Dieses Zitat kommt mir oft in den Sinn, wenn ich Bach spiele. Als Musiker geht kein Weg an Bach vorbei, egal woher man kommt. Bach ist auch für mich der Größte. Keine andere Musik geht mir so unter die Haut, keine andere Musik berührt mich so sehr.

Schon als Kind verlor Bach Vater und Mutter und wurde daher mit zehn Jahren von seinem ältesten Bruder Johann Christoph aufgenommen und erzogen. Früh zeigte sich dort seine unglaubliche Begabung und die Liebe zur Musik, die sein ganzes Leben bestimmte. Im »BWV« – »Bach-Werke-Verzeichnis« – sind seine über tausend Kompositionen genauestens aufgelistet, von der Vokalmusik, der Orgel- und Klaviermusik über die Kammermusik bis zu den Orchesterwerken. Fast alle Werke hat Bach für den Gottesdienst komponiert. »S.D.G. – Soli Deo Gloria« schrieb er dann darüber, z.B. über die »h-moll Messe«, über sein »Weihnachtsoratorium« oder über die »Johannes-« und die »Matthäus-Passion« – alles Werke, die den musikalischen Jahresablauf vieler Kirchen und Konzertsäle bestimmen.

Während meines Studiums wurde die Musik von Bach ein fester Pfeiler, seine Sonaten, seine Konzerte und vor allem seine Kantaten. Über 200 davon entstanden in der Zeit, als Bach Thomaskantor in Leipzig war und in der er neben seiner aufreibenden Lehr-, Organisten- und Chorleitertätigkeit auch Musikdirektor an den beiden Hauptkirchen der Stadt war.

Klaviermusik von Bach ist für mich die perfekte Etüde. Das Präludium Nr. 2 in c-moll aus dem »Wohltemperierten Klavier« zum Beispiel. Beste Fingerübungen und schönste Musik zugleich, sogar dann noch, wenn man rechte und linke Hand getrennt übt.

Vor ein paar Jahren wurde der Roman »Der Englische Patient« von Michael Ondaatje mit der wunderbaren Juliette Binoche verfilmt. In einer Szene findet sie in einem fast völlig zerstörten Kloster in der Toskana einen Flügel, hebt den Deckel auf und spielt ein paar Töne. Es ist der Anfang der »Goldberg-Variationen«. Dem Zuschauer bleibt das Herz stehen. Unglaublich, ein Schauer auf dem Rücken, das schafft nur Bach.

[Wolfgang Binder]

1781

Friedrich der Große

Der König von Gottes Gnaden und der Aufklärer, le Roi-Philosophe, dieser Gegensatz erzeugte den Mythos, der immer mit dem Namen Friedrich II. von Preußen lebendig bleibt. Die mythische Macht, gezähmt durch die Vernunft, bringt den gerechten König hervor, danach sehnt sich die geschundene Menschheit. Friedrich der Zyniker, der Aggressor, der Eroberer, der Schinder seiner Soldaten, der Menschenverächter und sogar Verächter deutscher Kultur und Sprache: diese Kehrseite eines humanen Herrschers konnte das Bild des gerechten Königs nicht zerstören. Ihm wurde als letzter historischer Gestalt der Beiname »der Große« verliehen, Ausdruck einer mythischen Legitimation des Königs, seiner Entrücktheit und Enthobenheit aller bürgerlichen Kritik.

Der Schweizer Historiker Jacob Burckhardt hat einer historischen Gestalt nur dann den Beinamen »der Große« zugebilligt, wenn in Denken und Handeln dieser Person Güte sichtbar geworden ist. Güte bedeutet die barmherzige Nachsicht eines Mächtigen mit der darbenden Kreatur, selbst der heilige Gott des Alten Testaments besaß Züge eines nachsichtigen Herrschers; ehrfurchtgebietende Autorität und Güte widerstreiten sich nicht. Das galt auch für Friedrich II. Das vorliegende Bild vereinigt Autorität und Güte, die im Mythos des gerechten Königs zusammenflossen.

Bildung bedeutet kritische Aneignung der Gedanken und Taten unserer Vorfahren, die Deutung unseres Daseins im historischen Gespräch mit den Vorfahren und die daraus resultierenden Impulse unseres Handelns.

In der Gestalt Friedrichs II. sind die großen Themen der Macht, der Gerechtigkeit, der Humanität und der Staatsraison in ihrer erhabenen Idealität und ihrer praktischen Widersprüchlichkeit personifiziert. Zum Bildungskanon eines Jugendlichen sollte das anekdotenreiche, farbige Leben dieses Königs gehören, an dessen Wirken wir erkennen, wie schwer Macht und Vernunft zu vereinbaren sind.

[Bernhard Bueb]

»Friedrich der Große« (1712–1786). 1781 malte Anton Graff (1736–1813) dieses Bildnis des 69jährigen Königs von Preußen. *Schloß Charlottenburg, Stiftung Preußische Schlösser und Gärten Berlin-Brandenburg*

Der Maler Johann Heinrich Tischbein (1751–1829) ging 1783 nach Italien, wo er Goethe (1749–1832) traf. Im Jahr 1787 entstand dieses Gemälde, das von der Vorliebe Tischbeins für die Welt der Antike und den aufkommenden Klassizismus zeugt. Später wurde Tischbein so sehr mit seinem Sujet Goethe identifiziert, daß man ihn »Goethe-Tischbein« nannte.
Frankfurt am Main, Städelsches Kunstinstitut

1787

»Goethe in der römischen Campagna«
Johann Heinrich Tischbein

Tischbein schuf das Porträt während Goethes berühmter Italienreise 1786/87 in Rom. Wie damals üblich, entstand das Bild auf der Grundlage von Skizzen und einem kleinen Tonmodell im Atelier des Künstlers. So vervollständigte Tischbein die vom weiten Reisemantel verhüllte Figur Goethes, ohne diesen erneut zu einer Porträtsitzung zu bitten. Die extrem gelängten Proportionen der Beine und die immer wieder kritisch bemerkten »zwei linken Füße« dürften diesem Verfahren geschuldet sein.

Doch Tischbein hatte alles andere als ein naturalistisches Bildnis im Sinn. Ihm war vielmehr an einem Idealbildnis des genialen Dichters gelegen, das diesen denkmalartig überhöhen sollte. Daher ist auch kein bestimmter Ort gemeint, an dem sich Goethe niedergelassen hat, sondern eine Ideallandschaft mit Zügen der römischen Campagna. Südliche Landschaft und antike Architektur und Skulptur verkörpern die Wunschvorstellungen des Dichters von Natur und Kunst. Selbst das scheinbar zufällig hinter Goethe aufragende antike Relief ist sorgsam mit Blick auf diesen erfunden: Es zeigt eine Szene aus dem antiken Mythos der »Iphigenie«, mit dem sich Goethe just zu dieser Zeit literarisch auseinandersetzte.

Goethe reiste vor der Vollendung des Gemäldes weiter. Sein Bildnis blieb zunächst unbeachtet im Besitz des Malers; erst in den 1840er Jahren gelangte es an die Frankfurter Rothschild-Familie. Seither galt es als das Goethe-Bild schlechthin. Dank zahlloser Reproduktionen avancierte es zu einer Ikone des deutschen Bildungsbürgertums – ein Umstand, dem Andy Warhol übrigens noch 1982 ironisch Rechnung trug, indem er Tischbeins Goethe, ähnlich wie zuvor Jackie Kennedy oder Marilyn Monroe, zum Thema einer poppig-bunten Siebdruckserie machte.

[Jochen Sander]

»Prinzessinnengruppe«, 1795–97, von Johann Gottfried Schadow (1764–1850). Im Jahr 1793, als Goethe den Herzog von Weimar auf den Feldzug gegen die Franzosen begleitete, begegnete er in Mainz auch den mecklenburgischen Prinzessinnen, die noch im selben Jahr ihre preußischen Prinzen heirateten. Das Doppelbildnis der preußischen Königin Luise (1776–1810) und ihrer Schwester Friederike (1778–1841) ist ein Meisterwerk der klassizistischen Plastik.
Berlin, Nationalgalerie, Staatliche Museen zu Berlin – Preußischer Kulturbesitz

»Die große Völkerschlacht bei Leipzig am 19. Oktober 1813 – Der letzte Tag«. Zeitgenössischer Kupferstich von der Entscheidungsschlacht der Befreiungskriege gegen Napoleon. In Erinnerung an das Ereignis wurde hundert Jahre später in Leipzig das über neunzig Meter hohe Völkerschlachtdenkmal eingeweiht.
Wien, Museum der Stadt Wien

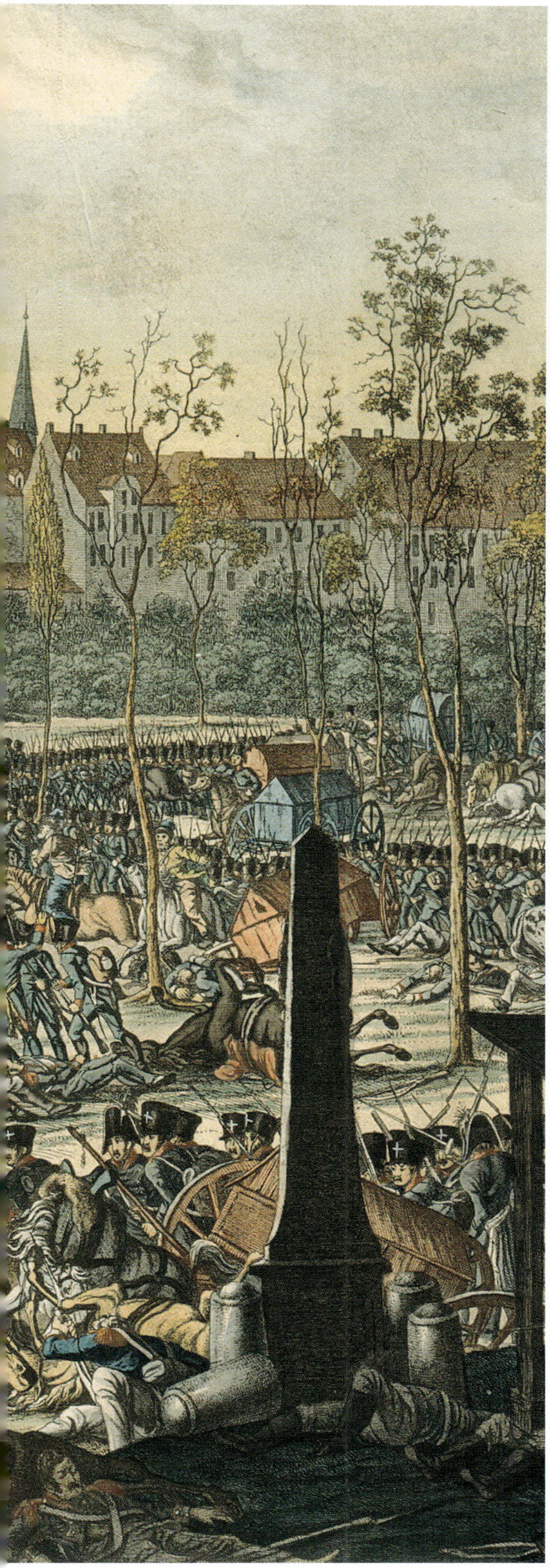

1813

Die Völkerschlacht bei Leipzig

Deutschland steht auf. Der preußische Adler erweckt in allen treuen Herzen durch seine kühnen Flügelschläge die große Hoffnung einer deutschen, wenigstens norddeutschen Freiheit. Ich will das hier gewonnene glückliche und sorgenfreie Leben mit Freuden hinwerfen, um, sei's auch mit meinem Blute, mir mein Vaterland zu erkämpfen. Eine große Zeit will große Herzen, und ich fühl' die Kraft in mir, eine Klippe sein zu können in dieser Völkerbrandung, ich muß hinaus und dem Wogensturm die mutige Brust entgegendrücken.

Theodor Körner
(in seinem berühmten Abschiedsbrief an den Vater;
kurz nach diesem Brief, am 26. August 1813,
fiel der Theaterdichter)

1818

»Kreidefelsen auf Rügen«
Caspar David Friedrich

»Der Maler soll nicht bloß malen, was er vor sich sieht, sondern auch, was er in sich sieht. Sieht er aber nichts in sich, so unterlasse er auch zu malen, was er vor sich sieht. Sonst werden seine Bilder den spanischen Wänden gleichen, hinter denen man nur Kranke oder gar Tote erwartet.«
Caspar David Friedrich

Natürlich sind Friedrichs Bilder wie der auf 1818 datierte »Kreidefelsen auf Rügen« längst zu ähnlich abgeschmackten spanischen Wänden in deutschen Wohnzimmern verniedlicht worden wie die Werke des unten von Josef Karl Stieler porträtierten Ludwig van Beethoven zur Klangtapete für die deutschen Kochnischen. So sehr, daß hinter ihnen nur noch zumindest todkranke, zur schieren ästhetischen Wellnessförderung herabgewürdigte Reste einer ehemals revolutionären Bewegung zu entdecken sind. Weitgehend befreit vom Zwang zur Repräsentation, zur Feier einer quasi gottgegebenen Ordnung, suchten Maler, Dichter, Philosophen und mit der gattungsüblichen Verspätung auch Musiker eine neue säkulare Ästhetik: in sich selbst, in der nun freien Phantasie und in der Natur. Friedrichs Scheinidyllen dokumentieren dem, der sich nicht mit dem Postkartenblick abfinden mag, die romantische Sehnsucht nach dem Erhabenen, die Suche nach Gott in der Natur, den Schrecken des winzigen Menschen in einem kolossalen Kosmos, die Kritik an einer Gesellschaft, die selbstbewußt für sich stehende Männer (wie im »Kreidefelsen« zu sehen) in am Boden herumkrauchende Alte verwandelt. Hören kann man den Aufschrei noch manchmal – der Verwertungsfirnis über Beethovens Sinfonien ist dünner als über Friedrichs Bildern – und auch das selbstbewußte Aufstampfen eines befreiten Bürgers.

»Musik ist höhere Ordnung als alle Weisheit und Philosophie.«
Ludwig van Beethoven

[Elmar Krekeler]

links: Nach einer Reise in seine Heimat an der Ostsee, die Caspar David Friedrich (1774–1840) im Jahr 1818 unternommen hatte, malte er bald nach seiner Rückkunft in Dresden das Bild »Kreidefelsen auf Rügen«. Als Motiv diente Friedrich, einem der wohl bekanntesten Maler der deutschen Romantik, die Stubbenkammer im Nordosten der Insel.
Winterthur, Sammlung Oskar Reinhart

rechts: »Ludwig van Beethoven« von Joseph Karl Stieler (1781–1858). Ludwig van Beethoven (1770–1827), der bedeutendste Komponist seiner Zeit, begann nach 1818 mit der Arbeit an der »Missa solemnis«, die das Publikum bei ihrer Uraufführung 1823 zu Begeisterungsstürmen hinriß. 1819 malte Joseph Karl Stieler Beethoven mit dem Manuskript dieser Komposition in der Hand.
Bonn, Beethoven-Haus

1839

»Der arme Poet«
Carl Spitzweg

Wir blicken in eine armselige Dachkammer. In der Ecke des Raumes liegt der Dichter auf einer alten Matratze, den Federkiel zwischen den Lippen, die rechte Hand skandierend erhoben. Er blickt auf das Blatt Papier auf seinen Knien, auf dem er eben sein neuestes Werk niederschreibt. An der Wand ist das Reimschema eines daktylischen Hexameters notiert, das klassische Versmaß der Epen Homers, aber auch der Dichtungen Klopstocks, Goethes und Schillers. Auf dem Boden liegen dicke Folianten, wohl Traktate zur Dichtkunst und Werke verehrter Autoren. Möbel gibt es nicht in diesem Raum, kein Bett, keinen Tisch, keinen Schrank für die Bücher. Warmes Sonnenlicht fällt durch das Fenster in die kleine Stube und kündet von der Welt draußen. Sie interessiert den Dichter nicht. Er kümmert sich auch sonst nicht um Äußerlichkeiten. Seine Jacke ist abgewetzt, das Dach über ihm undicht. Ein löchriger Schirm soll gegen den eindringenden Regen schützen.
Die Welt, die Öffentlichkeit hat dem Dichter seine Mühen nicht gedankt, sonst wären seine Umstände weniger ärmlich. Doch scheint sein Dichten auch fernab vom Leben zu liegen. Es kreist um sich selbst, erreicht die Öffentlichkeit nicht mehr. Seine älteren Manuskripte haben es noch nicht einmal bis zur Druckerpresse geschafft. Sie liegen, sorgfältig gebündelt, zum Heizen bereit. Spitzwegs »Armer Poet« ist ein Frühwerk des Künstlers und eines der populärsten Bilder des 19. Jahrhunderts. Es ist ein ironischer Kommentar auf ein weltentrücktes Künstlertum, das sich allein künstlerischen Formproblemen widmet.

[Herbert W. Rott]

Vom 27. bis 30. Mai 1832 hatten sich vor dem Hambacher Schloß etwa dreißigtausend Republikaner, Liberale und Demokraten zusammengefunden. Unter den Farben Schwarz-Rot-Gold setzten sie ein Zeichen gegen politische Unterdrückung, für eine freie und vereinte Nation und forderten eine deutsche Republik.
Um 1840 – wenige Jahre vor der Revolution von 1848 – entstand das Gemälde »Das Hambacher Fest« von Joseph Weber (1803–1881).
Neustadt an der Weinstraße, Stadtverwaltung

»Der arme Poet«, entstanden 1839, ist eines der zahlreichen Bilder, in denen Carl Spitzweg (1808–1885) humorvoll und mit Liebe zum Detail Szenen aus dem Kleinbürgerleben des Biedermeier schilderte. Es war eine Zeit, die von politischer Restauration und Unterdrückung gekennzeichnet war, und in der sich die Bürger in die Behaglichkeit einer privaten Welt zurückgezogen hatten.
München, Neue Pinakothek

1848

Straßenkampf vor der Paulskirche

Karl Marx (1818–1883) auf einer Photographie aus dem Jahr 1875. Im Februar 1848, einer Zeit, als es überall in Europa zu revolutionären Unruhen von Bürgern und Arbeitern kam, veröffentlichte Karl Marx gemeinsam mit Friedrich Engels das programmatische »Manifest der Kommunistischen Partei«, das unter der Losung »Proletarier aller Länder vereinigt Euch« die Arbeiterklasse zum Kampf gegen kapitalistische Ausbeutung aufruft. Es sollte eines der am weitesten verbreiteten Bücher der Welt werden.

Warum äußert sich nicht das ganze deutsche Volk entschiedener über die Wirksamkeit seiner Vertreter? Die Wähler von süddeutschen Abgeordneten können sich doch nicht das Recht beilegen, auch Wähler der norddeutschen zu sein? Zwar sind auch aus Norddeutschland einzelne Mißtrauensadressen eingelaufen. Aber damit ist uns nicht geholfen. Warum fordern deren Wähler sie nicht ausdrücklich auf, ihre Plätze als Abgeordnete zu verlassen? Warum machen sie nicht Demonstrationen in deren Heimat? Warum rücken sie denselben nicht vor die Häuser und Leiber und erklären feierlichst: »Ihr habt unser Vertrauen verscherzt!«? Warum schicken sie nicht eigene Deputationen nach Frankfurt, um dieselben zurückzuberufen? Was ist aber gegenwärtig zu tun? Was von seiten der Volksvertreter, was von seiten des Volkes?

Ludwig Simon, 1848

Die Abbildung zeigt eine Lithographie aus dem *Neuruppiner Bilderbogen*. Der schon seit 1810 erscheinende *Neuruppiner Bilderbogen* war ein Vorläufer der Illustrierten. Die von Gustav Kühn in Neuruppin regelmäßig herausgegebenen Lithographien dienten der Erbauung und Unterhaltung, informierten aber auch über die neuesten politischen Ereignisse.

Goethe-Schiller-Denkmal von Ernst Rietschel (1804–1861) vor dem Weimarer Nationaltheater. Johann Wolfgang von Goethe (1749–1832) ist durch die Vielfalt seines Werkes und durch dessen weit über den deutschen Sprachraum hinausgehende Wirkung der bedeutendste deutsche Dichter. Ihn verband mit Friedrich Schiller (1759–1805) nicht nur eine enge Freundschaft, sondern auch die herausragende Stellung in der klassischen deutschen Literatur an der Wende vom 18. zum 19. Jahrhundert.

1857

Das Goethe-Schiller-Denkmal in Weimar

So stehen die beiden Größen der klassischen deutschen Literatur auf ihrem Sockel vor dem Nationaltheater in Weimar. Die unterschiedliche Körpergröße – Schiller war storchenähnlich hochgeschossen und hager – hat der Bildhauer um der Darstellung einer harmonischen Freundschaft willen ausgeglichen. Dabei wird die von Schiller erstrebte idealistische Höhe durch seinen Blick nach oben, Goethes irdische Solidität durch den Blick nach vorn und die leise angedeutete Korpulenz veranschaulicht. Daß Goethes Hand auf Schillers Schulter ruht, mag als rein freundschaftliche oder aber als leicht gönnerhafte Geste verstanden werden, als stelle er den Jüngeren eben vor, protegiere und ermutige ihn. Eine Erinnerung mag mitschweben an das Philosophenpaar, das die Mitte des Raffaelschen Freskos in der Stanza della Segnatura beherrscht: Dort ebenfalls steht der Empiriker neben dem Idealisten, Aristoteles neben Plato. Auch Goethe und Schiller sollten nach dem Entwurf des ursprünglich beauftragten Bildhauers Christian Daniel Rauch in klassischen Togen dastehen. Zum Glück ging dieses Motiv – von den Stiftern, insbesondere Ludwig I. von Bayern, beanstandet – nicht in das Konzept des Rauch-Schülers Ernst Rietschel über, der den Auftrag schließlich ausführen durfte. Die Dichter erscheinen in der Kleidung des 18. Jahrhunderts, wie es sich gebührt; denn die Verkörperung klassischer Prinzipien in neuerer Zeit ist allemal wichtiger als der Rückbezug auf Äußerlichkeiten der Antike. Das Standbild wurde 1857 zum hundertsten Geburtstag von Goethes Dienstherrn und Freund Herzog Carl August von Sachsen-Weimar-Eisenach eingeweiht.

Daß die beiden so gleich neben gleich stehen sollten, wurde nicht von jedermann akzeptiert. Schon aus der Romantiker-Ecke der Brüder Schlegel wurde Schiller neben Goethe abgewertet und versucht, einen Keil zwischen die Freunde zu treiben. Auch Nietzsche wollte sich eine solche Paarung auf Augenhöhe – »Goethe und Schiller« – nicht gefallen lassen. Das Standbild entspricht jedoch Goethes Machtwort, die Deutschen sollten sich darüber freuen, daß sie »zwei solche Kerls« hätten, anstatt sich über deren Hackordnung zu streiten. Auch in neuerer bis neuester Zeit wurde in Deutschland an beiden reichlich gemäkelt, als müssten hochherzige Freundschaft und historische Leistung immer nur eine »Legende« sein. Dem Blick von außen stellt sich jedoch eine Künstlersymbiose dar, die an zwischenpersönlicher Ausgeglichenheit und schöpferischer Fruchtbarkeit in der europäischen Kulturgeschichte ihresgleichen sucht.

[Terence James Reed]

Im Juli 1945 legen sowjetische Soldaten und Offiziere das Goethe-Schiller-Denkmal in Weimar frei, das im Zweiten Weltkrieg durch Ummauerung vor Bombenangriffen geschützt worden war.

Ausflug nach Paris
Auf Wiedersehn auf dem Boulevard

1865 – 1918

Von der Gründerzeit bis zum Ende des Ersten Weltkriegs

Im Münchner Verlag Braun & Schneider veröffentlichte Wilhelm Busch (1832–1908) seine erste Bildergeschichte: »Max und Moritz, eine Bubengeschichte in sieben Streichen« erschien 1856. Sie begründete den Ruhm des Zeichners in ganz Deutschland.
Originalzeichnung: Berlin, Staatsbibliothek – Preußischer Kulturbesitz

1865

»Max und Moritz«
Wilhelm Busch

Ach, was muß man oft von bösen
Kindern hören oder lesen!
Wie zum Beispiel hier von diesen,
Welche Max und Moritz hießen;
Die, anstatt durch weise Lehren
Sich zum Guten zu bekehren,
Oftmals noch darüber lachten
Und sich heimlich lustig machten.
Ja, zur Übeltätigkeit,
Ja, dazu ist man bereit!
Menschen necken, Tiere quälen,
Äpfel, Birnen, Zwetschgen stehlen,
Das ist freilich angenehmer
Und dazu auch viel bequemer,
Als in Kirche oder Schule
Festzusitzen auf dem Stuhle.
Aber wehe, wehe, wehe!
Wenn ich, auf das Ende sehe!
Ach, das war ein schlimmes Ding,
Wie es Max und Moritz ging!
Drum ist hier, was sie getrieben,
Abgemalt und aufgeschrieben.

1870

Wilhelm I.
auf dem Schlachtfeld von Sedan

Jene Soldaten, die am 1. September 1870 bei Sedan gekämpft hatten und die ein knappes Jahr später als umjubelte Sieger durch das Brandenburger Tor marschierten, waren sich sicher, daß man ihrer auf dem französischen Schlachtfeld verbluteten Kameraden für immer gedenken würde. Und wenn in den folgenden Jahrzehnten das Wilhelminische Kaiserreich den Sedanstag wie einen Nationalfeiertag beging, schienen das Ereignis und dessen Opfer ehrenvoll verbunden mit der im Krieg errungenen Einheit des Vaterlands.
Nichts ist von diesem Pathos geblieben. Allenfalls eine verlegene Scheu davor, wie unbedingt groß man damals von Deutschland denken konnte und wie bereitwillig man einst sein Männerleben für die deutsche Sache gab.
Wir fühlen uns inzwischen ausweglos gezwungen, die Geschichte Schritt für Schritt im Rückwärtsgang zu lesen. Und so dürfen wir das mörderische Reich Hitlers nicht überspringen, sobald wir den Blick darauf richten, wie emphatisch im Anschluß an Sedan das angebrochene, angeblich Tausendjährige Reich der Deutschen besungen wurde.
Allerdings sollten wir uns dabei vor moralischer Überhebung und billiger Besserwisserei hüten. Nicht anders als jene damalige Zeit wähnen wir uns im rechten Verhältnis zur Vergangenheit und beziehen uns empfindungsreich auf ausgewählte Tote. Auch das Pathos unserer Rückschau wird wie die Verherrlichung des Sieges von Sedan eines Tages obsolet geworden sein. Keiner kann wissen, über welches Heil oder Unheil hinweg eine neugestimmte Zukunft die Feiern von heute und unsere heutigen Gedenktage ins Auge zu fassen beliebt.

[Georg Klein]

»Der preußische König Wilhelm I. (1797–1888) reitet am Abend des 2. September 1870 über das Schlachtfeld von Sedan«. Der Sieg über das französische Heer brachte die Entscheidung im Deutsch-Französischen Krieg und bedeutete das Ende des französischen Kaiserreichs.
Holzstich nach einer Zeichnung von Wilhelm Camphausen

1871

Die Proklamation des Deutschen Kaiserreichs im Spiegelsaal von Versailles

Es ist ein Bild deutschen Hochmuts. Ja, ja, mögen kluge Historiker über den 18. Januar 1871 sagen, der Weg dahin war unausweichbar. Mag sein. Aber von heute aus betrachtet, können wir Lehren aus diesem Bild ziehen. Ein paar Männer, die über die Macht verfügten, beschlossen das preußische Kleindeutschland. Und es entstand aus einem Krieg. Das Volk wurde nicht gefragt, weder vorher, noch hinterher. Und wenn die Deutschen heute noch mit »70/71« den Deutsch-Französischen Krieg meinen, dann verwundert es jeden Franzosen. Denn der Krieg ging schon am 2. September 1870 zu Ende, und daraufhin wurde im deutschen Kaiserreich jedes Jahr der Sedanstag gefeiert. 1870 fand der Krieg statt. 1871, mit der Kaiserproklamation im Spiegelsaal von Versailles, wurde die Wurzel für den Ersten Weltkrieg gepflanzt, aus dem der Zweite folgte.

Auf dem Gemälde, das diesen Augenblick festhalten sollte, steht neben dem Kaiser eine Person im Mittelpunkt: Bismarck – gezeichnet in auffälliger, weißer Galauniform. Zwar hatte er diese in Versailles gar nicht getragen, aber auf diese Weise wurde er als zentrale Figur hervorgehoben.

Das Kaiserreich wurde im gleichen Spiegelsaal wieder beendet: mit der Unterzeichnung des Friedens von Versailles nach dem Ende des Ersten Weltkriegs.

[Ulrich Wickert]

Anfangs zeigte Wilhelm I. wenig Neigung, die deutsche Kaiserkrone anzunehmen. Doch Bismarck gelang es schließlich – mit einer von ihm bestellten Intervention des bayerischen Königs Ludwig II. –, den Monarchen umzustimmen. Im Spiegelsaal zu Versailles wurde der preußische König zum deutschen Kaiser proklamiert und nahm die Huldigung der deutschen Landesfürsten entgegen. Anton von Werner (1843–1915) schuf das Gemälde »Die Proklamierung des Deutschen Kaiserreichs am 18. Januar 1871 im Spiegelsaal von Versailles« im Jahr 1885.
Friedrichsruh, Bismarck-Museum

Bevor das Gemälde »Das Eisenwalzwerk« in seinem Berliner Atelier zwischen 1872 und 1875 entstand, hatte Adolph Menzel (1815–1905) in Königshütte ausgiebige Studien betrieben: »Wochenlang von morgens bis abends habe ich zwischen den sausenden Riesenschwungrädern und Bändern und glühenden Blöcken gestanden und skizziert. Diese Cyklopenwelt ist überaus reich an Motiven.«
Berlin, Nationalgalerie, Staatliche Museen zu Berlin – Preußischer Kulturbesitz

1875

»Das Eisenwalzwerk«
Adolph Menzel

Kurioserweise gibt es eine überraschende Verbindung zwischen Adolph von Menzel und der Verfasserin dieses Textes. Es ist nicht nur der gemeinsame Geburtsort Breslau, sondern in einem in unseliger Zeit erstellten »Ahnenpaß« erscheint Menzel als einer meiner Vorfahren väterlicherseits. Jenseits dieses genealogischen Zufalls ein weiterer Anknüpfungspunkt: Als junge Schauspielerin beeindruckte mich Gerhart Hauptmanns Stück »Die Weber« – in seiner sozialen Thematik eine literarische Parallele zu Menzels »Eisenwalzwerk«.

Königshütte in Oberschlesien: 3000 Arbeiter produzieren an Hoch- und Schweißöfen Zigtausende Tonnen Roheisen, Bahnschienen und Stahl. Nichts ist Menzel bei seinen monatelangen Studien in den gewaltigen Hallen des Schienenwalzwerks verborgen geblieben. So sehen wir: die Hauptgruppe der zupackenden Walzwerker im Widerschein des weißglühenden Stahlblocks, in stechender Hitze angespannte Gesichter, die Augen vor Anstrengung aufgerissen, die nackten Füße in Holzpantoffeln, überall vibrierendes Tempo. Daneben, notdürftig vor der Glut geschützt, das Summen der schweren Arbeit noch in den Gliedern, verzehrt eine Gruppe von Männern hastig das von einem Mädchen mitgebrachte Essen. Auf der anderen Seite Schichtwechsel nach zwölf Stunden Plackerei. Kraftlos werden die erschöpften Körper von Schweiß und Schmutz befreit. Links hinten – wie in einer Lichtung –, die Arme auf dem Rücken verschränkt, ein Herr mit Hut, der aufsichtführende Ingenieur.

Menzels »Eisenwalzwerk« thematisiert als erstes Gemälde in der deutschen Kunst die »soziale Frage«. Es war die Zeit, als aufkeimende Zweifel den euphorischen Fortschrittsglauben des beginnenden Industriezeitalters zu erschüttern begannen. So wurde das »Eisenwalzwerk« exemplarisch zu einem »Bild der Deutschen«.

Mit unbestechlichen Augen sucht Menzel die Wahrheit, indem er ohne Verklärung die Industriearbeit in ihrer sozialen Wirklichkeit zeigt. Denn noch steht die Humanisierung der Arbeitswelt nicht auf dem Programm der herrschenden Kräfte der Bismarck-Ära, auch wenn bereits Marx' »Kapital« erschienen war und August Bebel die sozialdemokratische Partei gegründet hatte.

In seinem empathischen Realismus geht es Menzel um den Überlebenskampf des arbeitenden Menschen. Spürt er das Herannahen des Massen- und Maschinenzeitalters, das uns der Ambivalenz der technischen Entwicklung aussetzen wird?

[Thekla Carola Wied]

1884

Reichskanzler Otto von Bismarck

»Unsere Enkel werden diese Männer mit den Augen Lenbachs sehen«, würdigte Gustav Pauli 1904 die stets umstrittene gründerzeitliche Porträtkunst Franz von Lenbachs. Keinen betrifft dieses hellsichtige Bonmot mehr als den bereits zu Lebzeiten als Reichsgründer verehrten Otto von Bismarck. Lenbach prägte das Image Bismarcks, diese faszinierende Mischung aus stattlicher Physis, gepaart mit stetig wechselndem psychischem Gemütszustand, der sich nicht selten im fokussierten Blick des Malers auf die Gesichtszüge des Porträtierten widerspiegelte. Vor überwiegend dunkler Kulisse tritt die »Architektur des gewaltigen Schädels« (Richard Muther) umso deutlicher hervor. Die Konzentration auf die Gesichtslandschaft des Staatsmannes erhöht unvermeidlich die Suggestivkraft auf den Betrachter. Lenbach traf damit einen Nerv der Zeit, jene eigentümliche Mischung aus Ehrfurcht und abgöttischer Huldigung des »Reichsungeheuers« (Lenbach), die spezifisch für den Bismarck-Kult des ausgehenden 19. und frühen 20. Jahrhunderts wurde.

Im Œuvre des gründerzeitlichen Malers nimmt das Konterfei Bismarcks mit knapp 80 als gesichert geltenden Fassungen für private und öffentliche Kundschaft den zentralen Platz ein; Lenbach selbst sprach gar von 137 Porträts des Reichskanzlers. Diese erdrückende Zahl von Ausführungen des immer gleichen Charakterkopfes, häufig nach photographischer Vorlage angefertigt, trug ihm bereits zu Lebzeiten den zwielichtigen Ruf ein, eher Malfabrikant denn Künstler zu sein.

Ihn selbst focht dieser schlechte Leumund nicht an, denn hinter der vermeintlich phantasielosen Fassade einer exzessiven Porträtproduktion steckte nüchtern abgewogenes Geschäftskalkül. Er wußte um die Popularität Bismarcks gerade in den vermögenden Kreisen des nationalen Bürgertums der Reichsgründungsära und sah darin einen lukrativen Markt. Die rasch prominenten Bismarck-Bilder weckten bei einer zahlungskräftigen Kundschaft aus Adel und Bürgertum den Wunsch, ähnlich imagefördernd auf Leinwand gebannt zu werden, und machten den »Malerfürsten« aus München schließlich zum Millionär.

Viel mehr noch als die unzähligen Photographien der »denkbar interessantesten Figur« (Theodor Fontane), ist das durch Lenbach überlieferte empathische Antlitz Bismarcks im kollektiven Gedächtnis der Nation bis heute verankert; wohl nur übertroffen von John Tenniels wirkungsmächtiger Karikatur des 1890 entlassenen Reichskanzlers, die unter dem Titel »Dropping the Pilot« bis in die Gegenwart Generationen von Karikaturisten weltweit inspiriert hat.

[Andreas von Seggern]

»Der Lotse geht von Bord«: Bismarck verläßt das Schiff des Deutschen Reiches, Kaiser Wilhelm II. schaut ungerührt zu. Die Karikatur von Sir John Tenniel zur Entlassung des Reichskanzlers durch Wilhelm II. wurde am 29. März 1890 in der britischen Satirezeitschrift *Punch* veröffentlicht.

Otto von Bismarck (1815–1898) bestimmte als preußischer Ministerpräsident und deutscher Reichskanzler über Jahrzehnte die Innen- und Außenpolitik. Franz Lenbach (1836–1904) malte dieses Porträt 1884.
Berlin, Nationalgalerie, Staatliche Museen zu Berlin – Preußischer Kulturbesitz

1909

Rosa Luxemburg und Karl Liebknecht

Hier spreche ich deutlich aus, wo wir den Schwerpunkt des politischen Lebens und der Geschicke des Staates erblicken: im Bewußtsein, im klar geformten Willen, in der Entschlossenheit der großen arbeitenden Masse. Und genauso fassen wir die Frage des Militarismus auf. Wenn die Arbeiterklasse zu der Erkenntnis und dem Entschluß kommt, die Kriege nicht zuzulassen, dann sind die Kriege unmöglich geworden.
Hier will ich schließen. Nur eines möchte ich noch bemerken. Der Herr Staatsanwalt hat in seinen Ausführungen speziell meiner kleinen Person viel Aufmerksamkeit gewidmet. Er hat mich als die große Gefahr für die Sicherung der Staatsordnung geschildert, er hat es sogar nicht verschmäht, sich auf das Kladderadatschniveau herabzulassen, und mich als die »rote Rosa« gekennzeichnet. Ja, er hat es gewagt, meine persönliche Ehre zu verdächtigen, indem er den Fluchtverdacht gegen mich aussprach für den Fall, daß seinem Strafantrag stattgegeben werde.
Ein Sozialdemokrat flieht nicht. Er steht zu seinen Taten und lacht ihrer Strafen.
Und nun verurteilen Sie mich!

Rosa Luxemburg
(Verteidigungsrede vor dem Landgericht
Frankfurt, 20. Februar 1914)

Rüstungsproduktion in den Krupp-Werken Essen, Photographie von 1904. Bei der Entwicklung des deutschen Kaiserreichs zur militärischen Weltmacht kam der »Rüstungsschmiede« des »Kanonenkönigs Krupp« eine entscheidende Bedeutung zu.

Rosa Luxemburg (1871–1919) und Karl Liebknecht (Mitte; 1871–1919), Symbolgestalten der deutschen Linken, während des SPD-Parteitags von 1909, der vom 12. bis 18. September in Leipzig stattfand. Die beiden Politiker gründeten Ende 1918 die Kommunistische Partei und wurden am 15. Januar 1919 von Freicorps-Angehörigen ermordet.

Kaiser Wilhelm II. (links; 1859–1941) mit seinen Söhnen auf dem Weg vom Berliner Schloß zum Zeughaus Unter den Linden. Neben dem Kaiser: Kronprinz Wilhelm (1882–1951), Prinz Eitel Friedrich (1883–1942), Prinz Adalbert (1884–1948), Prinz August Wilhelm (1887–1949), Prinz Oskar (1888–1958) und Prinz Joachim (1890–1920).

1912

Kaiser Wilhelm II. in Begleitung seiner sechs Söhne

Forschen Schrittes eröffnet der Kaiser mit seinen sechs Söhnen die Neujahrsparade 1912. Seit der Jahrhundertwende hatte das Deutsche Kaiserreich einen beispiellosen Aufschwung erlebt: Handel, Industrie und Landwirtschaft, aber auch Technik und Wissenschaft waren erblüht, die Kaiser-Wilhelm-Gesellschaft im Jahr zuvor gegründet worden. Zwei Kaisersöhne, Prinz August Wilhelm und Prinz Joachim, hatten Seminare bei dem Physiknobelpreisträger Ferdinand Braun an der Straßburger Universität belegt.
Der politische Einfluß des Kaisers hingegen sank. 1912 war das Jahr der Reichstagswahlen, der Stimmenanteil der Sozialdemokraten hatte sich mit 110 Sitzen mehr als verdoppelt. Seine Thronrede zur Eröffnung des Reichstages hielt der Kaiser bei Abwesenheit der Sozialdemokraten vor halbleerem Haus. Als Freund der Selbstinszenierung entwickelte er jedoch zu wenig Gespür für die heraufziehenden Entwicklungen. 1914 begann der Erste Weltkrieg und damit der Abgesang des Kaiserreichs. 1918 ging Wilhelm II. ins holländische Exil. Die Zukunftsträume seiner Söhne zerbrachen. Sein ältester Sohn, Kronprinz Wilhelm, starb 1951 vereinsamt und resigniert in einem kleinen Haus am Fuß der Burg Hohenzollern; des Kaisers jüngster Sohn, Joachim, setzte seinem Leben mit 30 Jahren ein Ende. Einzig seiner Tochter, die 1913 den Herzog zu Braunschweig und Lüneburg geheiratet hatte, wurde ein Leben lang öffentlicher Respekt gezollt. 1980 erwiesen Tausende ihr die letzte Ehre. Herzogin Viktoria Luise ist auf dem Foto nicht abgebildet.

[Friedrich Wilhelm Prinz von Preußen]

Ausmarsch berittener Truppen im August 1914. Die Mobilmachung in Deutschland nach dem Attentat auf den österreichischen Thronfolger in Sarajewo wurde von vielen begeistert begrüßt.

1914

Aufbruch in den Krieg

»Hunderttausende von Menschen« drängen sich Unter den Linden, »unbeschreiblicher Jubel« begrüßt den Kaiser, wie die *Frankfurter Zeitung* berichtet. Die Mobilmachung am 1. August 1914 erregt eine gewaltige Begeisterung in Deutschland, Österreich, aber auch bei den Alliierten. In den langen Jahren von Frieden, Prosperität, Solidität und Fortschrittsglauben hatte sich eine Stimmung bürgerlich-behäbigen Wohllebens breitgemacht, die mehr und mehr als Erschlaffung wahrgenommen worden war. Der Krieg scheint einen neuen Aufbruch zu Ernst und Leidenschaft zu bedeuten. Selbst Stefan Zweig, Pazifist und mittlerweile ein alter Mann, erinnert sich während des Zweiten Weltkriegs mit einer gewissen Dankbarkeit, dies erlebt zu haben: »Trotz allem Haß und Abscheu gegen den Krieg möchte ich die Erinnerung an diese ersten Tage in meinem Leben nicht missen.« Der einzelne erlebte den Kriegsausbruch als Steigerung seiner ganz eigenen Existenz, aber auch als Überwindung der Klassen- und Standesgrenzen, als Lösung der sozialen Frage.

Das »Augusterlebnis«, ein Traum der Volksgemeinschaft, hat lange das deutsche Bewußtsein geprägt. Erst in den letzten Jahren hat man sich Rechenschaft abgelegt, daß dieser Rausch einer des Bürgertums war, das die meisten Zeugnisse hinterlassen hat. Auf dem Lande, wo in der Erntezeit die Männer (und die Pferde!) fehlten, war die Stimmung gedrückt. Und über die Arbeiter schreibt ein Geistlicher aus Berlin-Moabit: »Die eigentliche Begeisterung – ich möchte sagen die akademische Begeisterung, wie sie sich der Gebildete leisten kann, der nicht unmittelbare Nahrungssorgen hat – scheint mir doch zu fehlen. Das Volk denkt doch sehr real, und die Not liegt schwer auf den Menschen.« Gleichwohl hat die Bereitschaft, diese Not zu tragen, lange angehalten; ein Zeichen, wie weit dem deutschen Reich die Integration aller Schichten gelungen war.

[Stephan Speicher]

Jubelnde Soldaten eines Truppentransports an die Westfront. Am 3. August 1914 erklärte das Deutsche Reich Frankreich den Krieg und marschierte in Belgien ein.

1918

Zerstörter deutscher Grabenabschnitt an der Somme

Kaiser Wilhelm II. (mit Pelz) am 10. November 1918 auf dem Bahnhof Eysden, auf dem Weg ins holländische Exil. Tags zuvor, am 9. November 1918, war er durch die Revolution in Deutschland zur Abdankung gezwungen worden. Das bedeutete das Ende des Ersten Weltkriegs und auch der deutschen Monarchie.

Wir sehen Menschen leben, denen der Schädel fehlt. Wir sehen Soldaten laufen, denen beide Füße weggefetzt sind, sie stolpern auf den splitternden Stümpfen bis zum nächsten Loch. Ein Gefreiter kriecht zwei Kilometer weit auf den Händen und schleppt die zerschmetterten Knie hinter sich her, ein anderer geht zur Verbandsstelle, und über seine festhaltenden Hände quellen die Därme. Wir sehen Leute ohne Mund, ohne Unterkiefer, ohne Gesicht. Wir finden jemand, der mit den Zähnen zwei Stunden die Schlagader seines Armes klemmt, um nicht zu verbluten, die Sonne geht auf, die Nacht kommt, die Granaten pfeifen, das Leben ist zu Ende.
Doch das Stückchen zerwühlter Erde, in dem wir liegen, ist gehalten gegen die Übermacht; nur wenige hundert Meter sind preisgegeben worden. Aber auf jeden Meter kommt ein Toter.

Erich Maria Remarque, 1928

Durch Volltreffer zerstörter deutscher Grabenabschnitt an der Somme. 1916 drehten britische Kameramänner den ersten bedeutenden Dokumentarfilm »The Battle of the Somme«, der trotz der gezeigten grausamen Szenen ab August 1916 auch in den Londoner Kinos gezeigt wurde.

Ich suche Arbeit jeder Art!

Deutschlan
Kinder
hungern!
Spenden nimmt entgegen die Internationale Arbeiterhilfe
W.8 Unter d. Linden 11 / Postscheckkonto Wilhelm Münzenberg
N.W. 87 No 115

1918 – 1933

Von der Weimarer Republik bis zum »Dritten Reich«

Nach der Abdankung Kaiser Wilhelms II. rief der Sozialdemokrat Philipp Scheidemann (1865–1939) am 9. November 1918 um 14 Uhr vom Reichstag die »Deutsche Republik« aus. Er wollte damit den radikalen Spartakisten zuvorkommen, dessen Führer Karl Liebknecht nur zwei Stunden später vom Balkon des Berliner Schloßes aus die »Freie Sozialistische Republik« proklamierte.

1918

Ausrufung der Deutschen Republik durch Philipp Scheidemann

Der Mann steht dort wie angegossen. Was er sagt, läßt sein Gesicht nicht erkennen: Doch er verkündet gerade eine Revolution! Es ist der 9. November 1918. Mit seinen Worten, von einem Fenster des Reichstags in Berlin an das Volk gesprochen, wurde das Kaiserreich zur Weimarer Republik.

Heute hören wir oft: Keine richtige »Revolution« sei es 1918 gewesen, »zu wenig« Köpfe seien gerollt: Als ob unblutige Übergänge vom Kaiserreich zur Republik oder später in Spanien von Franco zu König Juan Carlos nicht fruchtbarer sein könnten als die blutige Spur von Ludwig XVI. über Robespierre zu Napoleon.

Die blutigen Revolutionen haben uns wenig gebracht. Nicht Revolutionäre, sondern Reformer waren der Fortschritt. Allerdings für die Nachkommen sehen sie dann nicht so schön dramatisch aus; es fehlt ihnen die »Ästhetik des Schreckens«.

Der Mann am Fenster sieht aus wie ein Biedermann – aber hinter dieser unauffälligen Fassade verbergen sich weitsichtiger Mut zu sozialem Wandel und eiserner Wille. Bis hin zu Scheidemanns Entschluß, sein Amt als Ministerpräsident der ersten »Weimarer Koalition« niederzulegen, weil er den historisch so verheerenden Versailler Vertrag nicht unterzeichnen wollte.

Scheidemann beendete seine Rede am Fenster mit einem Hoch auf die Republik. Sie hat nicht lange gelebt. Aber es waren nicht die Sozialdemokraten, die sie schließlich im Stich ließen.

[Klaus von Dohnanyi]

Am 11. Februar 1919 wurde der SPD-Politiker Friedrich Ebert (1871–1925) von der in Weimar tagenden Nationalversammlung zum ersten deutschen Reichspräsidenten gewählt: »So wollen wir an die Arbeit gehen, unser großes Ziel fest vor Augen, das Recht des deutschen Volkes zu wahren, in Deutschland eine starke Demokratie zu verankern und sie mit wahrem sozialen Geist und sozialistischer Tat zu erfüllen.« Auf dem Balkon des Nationaltheaters in Weimar bringen Ebert (vordere Reihe, 5. von links) und die Mitglieder der Reichsregierung ein Hoch auf die Republik aus.

Deutschlands
Kinder
hungern!
Spenden nimmt entgegen die Internationale Arbeiterhilfe Berlin
W. 8 Unter d. Linden 11 / Postscheckkonto Wilhelm Münzenberg Berlin
N.W. 87 No 115185
Kollwitz
DRUCK VON H. BIRKHOLZ, BERLIN W 35.

1923

»Deutschlands Kinder hungern!«
Käthe Kollwitz

Das Plakat »Deutschlands Kinder hungern!« ist eine Inkunabel der deutschen Plakatkunst – Aufschrei und Protest gegen die durch Krieg und Inflation hervorgerufene Hungersnot unter der deutschen Nachkriegsbevölkerung. Es erschüttert vor allem durch den Ausdruck in den Augen der Kinder, die zu einer nicht im Bild befindlichen Person aufschauen. Trotz erfahrener Not halten sie hoffnungsvoll ihre leeren Eßnäpfe empor. Die vier Kinder sind an den linken Rand des Plakats gedrängt. Der Betrachter ahnt, daß es eine noch größere Kinderschar sein muß, die sich außerhalb des Bildes befindet. So stehen diese Kinder, deren Augen das Leid ihrer Zeit widerspiegeln, stellvertretend für alle hungernden Kinder im damaligen Deutschland.

Über die Hälfte der Fläche nimmt die klare Handschrift von Käthe Kollwitz ein. Sie macht deutlich, wie rasch dieser Aufruf entstanden sein muß. Die schwungvolle zweifache Unterstreichung des Wortes »Kinder« betont die Akzente, die die Künstlerin gesetzt wissen will. Obwohl nicht professionell, besticht das Spontane und Persönliche dieses Plakates.
Dessen Bekanntheit und Beliebtheit bis heute lassen Rückschlüsse auf seine enorme Wirkung zu. Dem Vorwurf, die Betroffenheit werde hier auf Kosten des Künstlerischen erkauft, entgegnete Käthe Kollwitz in ihrem Tagebuch:
»Ich bin einverstanden damit, daß meine Kunst Zweck hat. Ich will wirken in dieser Zeit, in der die Menschen so ratlos und hilfsbedürftig sind.« (Dezember 1922)

[Hannelore Fischer]

Die künstlerische Arbeit von Käthe Kollwitz (1867–1945) war geprägt von einer tiefen Menschlichkeit und sozialem Engagement. Die Lithographie für das Plakat »Deutschlands Kinder hungern!« schuf sie Ende 1923 für die Internationale Arbeiterhilfe.

Otto Dix (1891–1969), einer der Protagonisten der Neuen Sachlichkeit, verabschiedete sich nach dem Ersten Weltkrieg von der »Schönfärberei« und dem Pathos des Expressionismus. 1927/28 entstand das Triptychon »Großstadt« – ein schillerndes Sittenbild der zwanziger Jahre.
Stuttgart, Staatsgalerie

1927

»Großstadt«
Otto Dix

Metropolis, Großstadt. Suchtfaktor, Sog. Der ganze Widerspruch, der doch auf geheimnisvolle Weise zur Einheit verschmilzt – ein Gefühl, das ich überall suche, auch immer wenn ich in Berlin bin. Aber ich finde es dort nicht. Berlins metropolitaner Geist und Sog, der in den zwanziger Jahren entstanden war, wurde von den Nazis mit allen Wurzeln ausgerissen, der Krieg besorgte den Rest. Danach nichts. Just a lot of hype. Ein deutsches Drama? Sagen wir eher: eine historische Tatsache, die kein Kanzler wegreden und kein regierender Bürgermeister wegfeiern kann.

»Großstadt« ist eine Reminiszenz an die Metropolis Berlin, die es nicht mehr gibt und nie mehr geben wird. An seine Brutalität und Zärtlichkeit, den Glamour des Augenblicks und den Horror des Durchlittenen. Beweisstück und Requiem. Es trifft das Wesen der Städte, der wahren Metropolen. Im Ausdruck der Menschen, in ihren Bewegungen und Handlungen. Und diese Bilder sprechen. Es ist die Sprache Gottfried Benns: »Fragmente, Seelenauswürfe, Blutgerinnsel des zwanzigsten Jahrhunderts« – und: »Narben, gestörter Kreislauf der Schöpfungsfrühe ...« Dix liebte das hektische Nachtleben Berlins in den Zwanzigern, seine bizarren Gestalten und gewagten Konstellationen, die sich prostituierende Gesellschaft und die Klassengesellschaft der Prostituierten. Die Jazzkapelle spielt auf zum Totentanz. Die Töne hören wir wie Benns Zeilen. Charleston auf dem Vulkan. Dix als Akteur im eigenen Bild, als Krüppel, als Voyeur von Glanz und Elend. Eine dunkle Ahnung springt uns aus dem Bild an. Wie stabil ist eine Gesellschaft wie jene , die er uns da zeigt, wie dick oder dünn ist der Lack der Zivilisation? Wie lang oder kurz der Weg in die nächste Katastrophe? Dix, der 1917 an der Ostfront gekämpft hatte und Träger des Eisernen Kreuzes war, wollte nichts verpassen. Der Krieg und er, eine Haßliebe. Als Künstler wollte er den Schrecken von innen sehen, als Mensch zerbrach er fast an ihm. Die Nazis haßten seine Schreckensvisionen und konfiszierten viele Bilder. Für Dix bedeutete das Triptychon einen Abschied für lange Zeit vom Thema des Krieges. Und Berlin tanzte noch eine Weile weiter. »Das ist der Mensch von heute, das Innere ein Vakuum« (Benn). Er könnte das Berlin von heute gemeint haben.

[Gero von Boehm]

Emil
UND DIE DETEKTIVE
VON ERICH KÄSTNER
Trier

1929

»Emil und die Detektive«
Erich Kästner

Wir können uns diesem sattgelben (!) Platz unmöglich entziehen. An ihm haben wir – lebenslänglich – unsere Kindheitserinnerungen festgemacht. Denn wir alle beschatteten irgendwann mit den beiden Jungen neben der nackten Litfaßsäule den melonebehüteten Herrn Grundeis – Parole Emil! Klar, geschrieben hat diesen Kinder-Weltbestseller (in 51 Sprachen übersetzt) der Dresdner Meister-Spötter Erich Kästner. Aber wer hat die Zeichnung, diese unverwechselbar geschmeidigen Striche von beglückender Heiterkeit, beigetragen? Rechts unten steht sehr selbstbewußt: Trier. Keine Ortsbezeichnung, sondern eine bewegende Künstlerbiographie. Walter Trier, Jahrgang 1890, Sohn eines Prager Handschuhmachers, Zeichenschüler bei Franz von Stuck in München, Ullstein-Illustrator in Berlin, Vertreibung aus seinem Harmonie-Kosmos durch die Nazis nach London und schließlich Kanada ... Im Mai 1928 hatte die Verlegerin Edith Jacobsohn auf ihrem Berliner Balkon den noch unbekannten Kästner und den schon erfolgreichen Trier für den »Emil« zusammengebracht – ein kongeniales Gespann für zwanzig weitere Buchtitel. »Pünktchen und Anton«, »Das doppelte Lottchen« ... Freunde? Nein, die so Verschiedenen müssen erst Distanz zwischen sich legen, um sich persönlich anzunähern. Gemeinsame Sommertage 1937 in Salzburg (ja, der Maler Karl in Kästners »Kleinem Grenzverkehr« ist Walter Trier), vor dem Chaos des Krieges ein letztes Wiedersehen beim Tennisspiel im Londoner Regent Park ... Widmen wir unsere Aufmerksamkeit noch einmal dem uns anlächelnden Emil-Titel: Die blaßrot-weiß-gestreifte Markise links soll das Berliner »Cafe Josty« andeuten, auf dessen Terrasse Erich Kästner in vier Monaten das Emil-Manuskript geschrieben hat. Fällt Ihnen sonst noch etwas auf? Richtig, Walter Trier hat vergessen, den Jungen einen Schatten zu geben. Ach, ist doch egal, wenn einen ein Bild dermaßen anzwinkert ... Parole Emil!

[Uwe-Jens Schumann]

Mit »Emil und die Detektive«, erschienen 1929 in Berlin, veröffentlichte Erich Kästner (1899–1974) sein erstes Kinderbuch. Bis heute erkennt man es an seinem längst berühmt gewordenen Coverbild von Walter Trier (1890–1951). Kästners Erfolg mit seinem 1931 erschienenen Roman »Fabian« wurde von dem seiner Kinderbücher weit übertroffen. Sie begeisterten und begeistern nicht nur Leser in Deutschland, sondern in aller Welt.

1930

»Der blaue Engel«
Marlene Dietrich

Man klammert sich an Lügen und Ungerechtigkeit, als ahnte man hinter der Wahrheit einen Abgrund. Das Mißtrauen gegen den Geist ist Mißtrauen gegen den Menschen selbst, ist Mangel an Selbstvertrauen. Da jeder einzelne sich lieber beschirmt als dienend sieht, wie sollte er an die Demokratie glauben, an ein Volk von Herren. Die angestammten und bewährten Herren mögen manchmal, unbeleckt wie sie sind, der hochgebildeten Nation auf die Nerven fallen: mit ihnen aber ist sie gewiß, zu leben, sicherer zu leben, als die, die nur der Geist führt. Auch beherrschen sich diese Herren und werden schwerlich der Gewalt verfallen, die Explosionen schafft ... Keine Grausamkeit, aber auch keine Liebe. Nirgendwo liegen zwischen den Klassen solche Eisberge von Fremdheit. Man liebt einander nicht und liebt nicht die Menschen ... Die Masse der Kleinen, die hier wie überall die größere Wärme des Geschlechts enthält, wird zu entlegenen Hoffnungen verdammt und verdorben für die tätige Verbrüderung, die ein Volk groß macht.

Heinrich Mann

Manchmal dachte ich, der Film, den wir drehten, sei doch recht ordinär. Das scheint mir auch heute noch so. Jede Szene wurde mit vier Kameras gefilmt, die zur gleichen Zeit liefen, und ich wußte, daß sie meistens nur auf meine Schenkel zielten. Ich sage das ungern, aber es war so. Wann immer man mich filmte, wurde mir befohlen, ein Bein hochzuheben, links oder rechts, das war egal.

Marlene Dietrich, 1979

Marlene Dietrich (1901–1992) in der wohl berühmtesten Szene des Films »Der blaue Engel«. Der Film, der den späteren Weltstar bekannt machte, wurde am 1. April 1930 im Berliner Ufa-Palast uraufgeführt. Josef von Sternberg (1894–1969), mit dem die Dietrich kurz darauf nach Amerika ging, drehte ihn nach dem 1905 veröffentlichten Roman »Professor Unrat« von Heinrich Mann (1871–1950); das Drehbuch schrieb unter anderem Carl Zuckmayer (1896–1977) mit Einverständnis des Autors.

Wie dieser Mann suchten unzählige Menschen Arbeit in den letzten Jahren der Weimarer Republik. Im Februar 1932 stieg die Zahl der Arbeitslosen in Deutschland auf über 6 Millionen, allein in Berlin gab es 600 000. Die Not prägte das Stadtbild, in kilometerlangen Schlangen wartete man vor den Arbeitsämtern auf die dürftigen, immer weniger werdenden Unterstützungsgelder.

1932

Der unbekannte Arbeitslose

Und plötzlich begreift Pinneberg alles, angesichts dieses Schupo, dieser ordentlichen Leute, dieser blanken Scheibe begreift er, daß er draußen ist, daß er hier nicht mehr hergehört, daß man ihn zu Recht wegjagt: ausgerutscht, versunken, erledigt. Ordnung und Sauberkeit: es war einmal. Arbeit und sicheres Brot: es war einmal. Vorwärtskommen und Hoffen: es war einmal. Armut ist nicht nur Elend, Armut ist auch strafwürdig, Armut ist Makel, Armut heißt Verdacht.
»Soll ich dir Beine machen?« sagt der Schupo.
Pinneberg gibt sofort klein bei, er ist wie besinnungslos, er will auf dem Bürgersteig weiter rasch zum Bahnhof Friedrichstraße, er will seinen Zug erreichen, er will zu Lämmchen ...

Hans Fallada, 1932

Passanten in Berlin-Kreuzberg vor einem NSDAP-Wahlplakat: »Unsere letzte Hoffnung – Hitler«. Bei der Reichspräsidentenwahl im Frühjahr 1932 wurde Paul von Hindenburg erneut mit der absoluten Mehrheit gewählt, allerdings erhielt Adolf Hitler als Kandidat der NSDAP 36,8 Prozent der Stimmen. Angesichts der wirtschaftlichen Krise in der Weimarer Republik schlossen sich immer mehr Deutsche den radikalen Parteien an. Bei den Reichskanzlerwahlen im Herbst 1932 stimmten 33,1 Prozent für die NSDAP, 16,9 Prozent für die KPD.

Deutsche!
Wehrt Euch!
Kauft nicht bei Juden!

1933 – 1945

Von der »Machtergreifung« bis zum Ende des Zweiten Weltkriegs

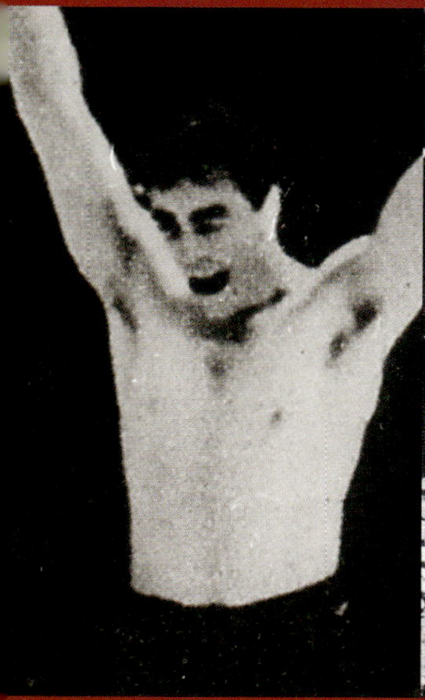

Fackelzug der SA durch das Brandenburger Tor am Abend des 30. Januar 1933. Hierbei handelt es sich um eine nachgestellte Aufnahme aus dem NS-Film »SA-Mann Brand« aus dem Jahr 1933.

1933

NS-Fackelzug durch das Brandenburger Tor
30. Januar 1933

Am 30. Januar 1933 wurde Adolf Hitler zum Reichskanzler ernannt. Daß damit mehr als ein regulärer Verfassungsvorgang vollzogen sein sollte, das machte die nationalsozialistische Bewegung am späten Abend unmißverständlich sichtbar: In einem lauten, reichsweit vom Radio übertragenen Triumphzug zog die SA, die Straßenkampfarmee der Partei, mit Fackeln durchs Brandenburger Tor ins Berliner Regierungsviertel ein, um mit Heilrufen an der Reichskanzlei vorbeizumarschieren. Ein großer Mann der Stadt, der Maler Max Liebermann, kommentierte den Vorgang mit den berühmten Worten: »Icke kann jar nich so viel fressen, wie ick kotzen möchte.« Liebermann war alt genug, um sich an andere Einzüge durchs Tor, neben dem er wohnte, zu erinnern: den Siegeszug von 1871, die Geschlagenen von 1919. So wollten sich die Nazis mit ihrem Marsch in die Geschichte des wichtigsten kleindeutschen Nationalsymbols als neues, verheißungsvolles Kapitel eintragen. Die Wirkung im Moment war auch bei demokratischen Beobachtern niederschmetternd. »Jugend, nichts als Jugend«, so erinnerte sich später der SPD-Abgeordnete Wilhelm Hoegner, »wir dagegen schlichen müde und zerschlagen von den Aufregungen dieser Tage heim.« Joseph Goebbels, der Regisseur jener Machtdemonstration der Straße, ließ die Szenerie schon bald in einem aufwendigen Film nachstellen. Das auch hier gezeigte Bild aus dem Film hat die verwackelten Dokumente vom ursprünglichen Ereignis bald verdrängt. Es gehört ins Gedächtnis der Deutschen als Teil einer zwiespältigen Reihe, die mit Napoleons Einzug durchs Brandenburger Tor in Berlin 1806 begann und ihren vorläufigen Abschluß mit dem Fall der Mauer 1989 fand.

[Gustav Seibt]

oben: Nach dem Festakt in der Potsdamer Garnisonkirche verabschiedet sich Reichspräsident Paul von Hindenburg (1847–1934) von Reichskanzler Adolf Hitler (1899–1945). Die Zeremonie vom 21. März 1933 war als Signal nach außen gedacht: Nicht der radikale Bruch mit der Vergangenheit wurde in Szene gesetzt, sondern die harmonische Rückkehr zu ihren Werten. Doch dem »Tag von Potsdam« folgte der Tag des Ermächtigungsgesetzes, das die Weimarer Verfassung aus den Angeln hob und die nationalsozialistische Diktatur etablierte.

Vor dem Berliner Kaufhaus Tietz bekräftigen SA-Posten am 1. April 1933 den von Joseph Goebbels angeordneten Boykott jüdischer Geschäfte, Waren, jüdischer Anwälte und Ärzte.

1933

Der Boykott jüdischer Geschäfte
1. April 1933

Der Boykott jüdischer Geschäfte, Unternehmen, Anwaltskanzleien und Arztpraxen, der am 1. April 1933 auf Anordnung der NSDAP begann, war die sichtbarste, aber längst nicht die einzige der antijüdischen Maßnahmen, die erfolgten, nachdem der Reichstag im März dem Ermächtigungsgesetz zugestimmt hatte, das Hitler die Macht eines Diktators gab. Dazu kamen Verordnungen wie das Gesetz zur »Wiederherstellung des Berufsbeamtentums« mit dem »Arierparagraphen« oder das »Gesetz zur Gleichschaltung der Länder mit dem Reich«; sie schlossen Juden vom Staatsdienst und von der Lehre an Universitäten aus, schränkten die Arbeit jüdischer Ärzte und Rechtsanwälte ein und führten zu einem neuen drakonischen Numerus clausus an Hochschulen. Hitler wollte, daß der Boykott »legal« sei, und im großen und ganzen traf das zu, auch wenn Fenster in Scherben gingen und Juden zusammengeschlagen wurden.

Also sehen wir hier eine Szene von surrealer Beschaulichkeit: An einem schönen Samstagmorgen stehen drei stumpfe SA-Männer in braunen Hemden, Reithosen und blanken Schaftstiefeln, die Uniformmützen mit strammsitzendem Kinnband befestigt, als Wache vor einem jüdischen Geschäft, dessen Türen mit Scherengittern versperrt sind. Man könnte denken, sie stehen dort zum Schutz von Privateigentum. Vielleicht haben die Besitzer das Geschäft geschlossen, um den Sabbat zu ehren. Die Schilder klären uns auf: Dies ist ein Boykott, und schuld daran sind Juden. Deutsche verteidigen sich gegen Anwürfe in der internationalen Presse, gegen die »jüdische Greuelpropaganda« – das war der Name, mit dem die NSDAP jede Kritik an den massiven Demütigungen deutscher Juden abtat.

In der Zeit danach, bis zur Kapitulation Deutschlands im Mai 1945, ermordeten diese SA-Männer oder ihre Kameraden in der SS, der Gestapo, der Wehrmacht, der Polizei sowie zahllose Zivilisten im Dienst des »Dritten Reichs« Millionen europäischer Juden, unter ihnen fast alle der 163000 deutschen Juden, die nicht vor dem September 1939 aus Deutschland geflohen waren. Der Boykott war eine wichtige Station auf dem Weg zur »Endlösung«, dem Kreuzweg der Juden im zwanzigsten Jahrhundert. Aber auch wenn es keinen Holocaust gegeben hätte, wenn das Bild, das ein Photograph auf Zelluloid festhielt, nicht mehr wäre als eine Seite im Buch der Geschichte des europäischen Antisemitismus, in dessen Verlauf Juden viel schlimmere Verletzungen und Erniedrigungen erlitten haben, auch dann hätten wir alle, wer immer wir sind, Grund genug, auf die Knie zu fallen und um Vergebung für diese stille Gleichgültigkeit und Grausamkeit zu bitten. Und wir hätten Grund zu Furcht und Zittern, denn vor dem Unheil, das menschliche Bösartigkeit anrichten kann, ist niemand sicher.

[Louis Begley]

1933

Die Bücherverbrennung
10. Mai 1933

Im Jahre 1933 wurden meine Bücher in Berlin, auf dem großen Platz neben der Staatsoper, von einem gewissen Herrn Goebbels mit düster-feierlichem Pomp verbrannt. Vierundzwanzig deutsche Schriftsteller, die symbolisch für immer ausgetilgt werden sollten, rief er triumphierend bei Namen. Ich war der einzige der vierundzwanzig, der persönlich erschienen war, um dieser theatralischen Frechheit beizuwohnen. Plötzlich rief eine schrille Frauenstimme: »Dort steht ja der Kästner!« Mir wurde unbehaglich zumute. Doch es geschah nichts. (Obwohl in diesen Tagen gerade sehr viel zu »geschehen« pflegte.) Die Bücher flogen weiter ins Feuer. Die Tiraden des kleinen abgefeimten Lügners ertönten weiterhin. Und die Gesichter der braunen Studentengarde blickten, den Sturmriemen unterm Kinn, unverändert geradeaus, hinüber zu dem Flammenstoß und zu dem psalmodierenden, gestikulierenden Teufelchen.
In dem folgenden Jahrdutzend sah ich Bücher von mir nur die wenigen Male, die ich im Ausland war. – Es ist ein merkwürdiges Gefühl, ein verbotener Schriftsteller zu sein und seine Bücher nie mehr in den Regalen der Buchläden zu sehen. In keiner Stadt des Vaterlandes.
Es hat zwölf Jahre gedauert, bis das Dritte Reich am Ende war. Zwölf Jahre haben genügt, Deutschland zugrunde zu richten. Und man war kein Prophet, wenn man, in satirischen Strophen, diese und ähnliche Ereignisse voraussagte. Daß keine Irrtümer vorkommen konnten, lag am Gegenstand: am Charakter der Deutschen. Den Gegenstand seiner Kritik muß der Satiriker natürlich kennen. Ich kenne ihn.

Erich Kästner, 1946

Auf dem Platz vor der Berliner Oper inszenierte Joseph Goebbels am 10. Mai 1933 eine nächtliche Bücherverbrennung – Signal für weitere Veranstaltungen dieser Art in zahlreichen deutschen Städten. Nationalsozialistische Studenten und Professoren »säuberten« die Bibliotheken von Büchern jüdischer Autoren und von Schriftstellern, die im Widerspruch zur NS-Ideologie standen. Etwa 25 000 Schriften flogen, begleitet von haßgesteuerten, verhetzenden »Feuersprüchen«, auf den Scheiterhaufen, darunter Werke von Heinrich Heine, Bertolt Brecht, Alfred Döblin, Albert Einstein, Thomas Mann, Egon Erwin Kisch, Erich Kästner...

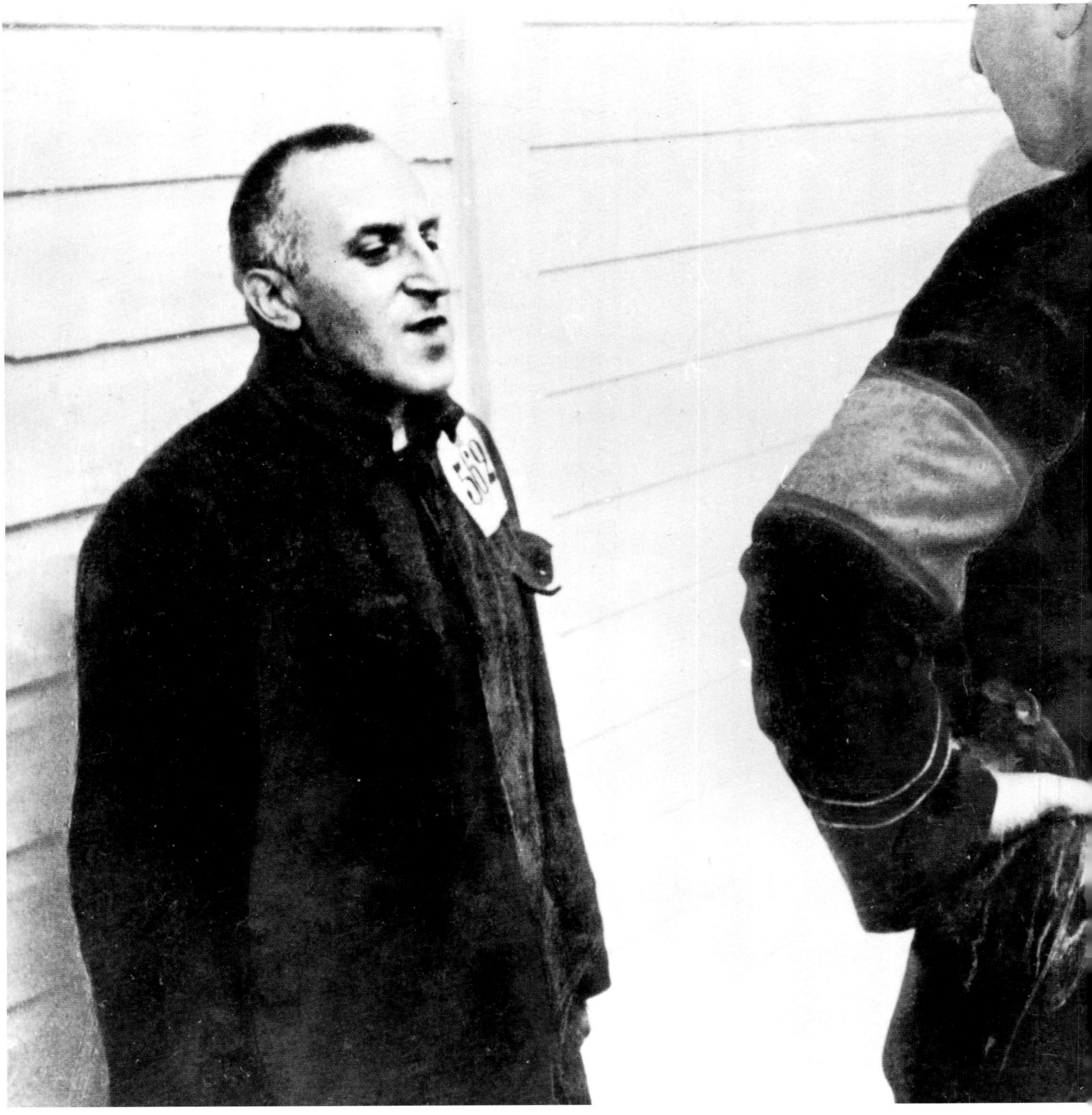

Der Publizist und Herausgeber der *Weltbühne*, Carl von Ossietzky (1889–1938), im KZ Esterwegen. Eine Flucht aus Nazi-Deutschland hatte er abgelehnt. 1936 erhielt der unerschrockene Pazifist den Friedensnobelpreis. Diese Preisverleihung veranlaßte Hitler, allen Reichsdeutschen die Annahme von Nobelpreisen zu verbieten.

1934

Carl von Ossietzky im Konzentrationslager Esterwegen

Ein kleiner Mann, schmächtig, spitzgesichtig, den Blick gesenkt, in Häftlingsuniform mit Nummer »562« strammstehend vor einem massigen, stiernackigen Mann in schwarzer Uniform mit metallisch blitzenden Knöpfen, den hakenkreuzgeschmückten Arm herrisch in die Hüfte gestützt – der Schriftsteller, Radikaldemokrat und Pazifist Carl von Ossietzky vor seinem SS-Wächter.
Das Photo, aufgenommen im Jahr 1934 im KZ Esterwegen im Emsland – ein Symbol von Macht und Ohnmacht. Doch wer hat die Macht und wer ist ohnmächtig?
Der kleine, von Qual und Entbehrung gezeichnete Mann in strammer, aber keineswegs demütiger Haltung hatte sein Schicksal selbst bestimmt. Als Redakteur und Herausgeber der unabhängigen, antimilitaristischen und radikal-demokratischen Wochenschrift *Weltbühne* versuchte er, bis zur endgültigen Machtübernahme der Nazis im Jahr 1933, dem »unter dem Elefantentritt des Faschismus zitternden Lande den Mut zur eigenen Meinung zu erhalten« (Ossietzky). Noch in der Nacht des Reichtagsbrandes wurde er verhaftet. Trotz rechtzeitiger Warnungen und gegen den Rat der Ehefrau, von Freunden und Schriftstellerkollegen hatte er Deutschland nicht verlassen. »Als Eingesperrter bin ich am unbequemsten«, lautete sein Motto, das ihn das Leben kostete.
Als Folge der Lagerhaft dem Tode nahe in einem Berliner Krankenhaus liegend, bewacht von der Gestapo, erhielt er im November 1936 den Friedensnobelpreis – zum wütenden Entsetzen der Nazis. »Ein moralischer Sieg über die damals herrschenden Kräfte der Barbarei«, wie ein späterer Träger des Friedensnobelpreises, Willy Brandt, schrieb.
Carl von Ossietzky starb am 4. Mai 1938. Sein KZ-Bewacher hat vielleicht noch viele Jahre als Polizeibeamter oder im Justizapparat der Bundesrepublik gedient. Aber der kleine Mann, der vor ihm strammstehen mußte, ist der Welt ein Beispiel geworden gegen die Versuchung, vor der Unmenschlichkeit zu kapitulieren …

[Klaus Bednarz]

Sein Leben: 99 Jahre, seine Karriere: 17 Jahre, sein wichtigster Kampf: 35 Minuten, der bedeutendste Zeitabschnitt seines Lebens: zehn Sekunden. Es war der 18. Juni 1936 spätabends im New Yorker Yankee-Stadion, gleichzeitig der 19. Juni frühmorgens in Deutschland. Zehn Sekunden hatte Joe Louis am Boden gelegen, in der zwölften Runde von einer Rechten Max Schmelings getroffen, nach zehn Sekunden breitete Ringrichter Arthur Donovan die Arme über dem Geschlagenen aus: Max Schmeling hatte gegen den als unbesiegbar geltenden »braunen Bomber« durch K.o. gewonnen.

1936

Max Schmeling besiegt Joe Louis
18. Juni 1936

»Der Gedanke des äußersten Einsatzes, aber auch das Pathos des Einzelkämpfers haben den wichtigsten Impuls meines Lebens ausgemacht. Sie waren auch die Faszination der Epoche«, schrieb er in seinen Erinnerungen und setzte hinzu: »Daß ich zum Idol wurde, verdanke ich mehr der Zeit als mir selber.«
Es kam jener 19. Juni 1936, über den die Zeitung New York World schrieb: »Als Verurteilter richtete er seinen Henker hin.« Der Todeskandidat war der Deutsche Schmeling, ein in den Staaten anerkannt starker Boxer, aber eben auch ein Deutscher, einer aus Hitlerland. Der Henker hieß Joe Louis, die Schwergewichtshoffnung auch großer Teile des weißen Bürgertums. Doch in der zwölften Runde holte Schmeling mit seiner Rechten den »braunen Bomber« von den Beinen. Die kurz angesetzte, über die Deckung geschlagene Rechte Schmelings war legendär, seit der wichtigste Box-Promoter jener Zeit, Tex Rickard, bei Schmelings Debüt in den USA »What a right hand!« gerufen hatte und damit von den Morgenzeitungen zitiert worden war.
Nach dem Erfolg über Louis stand die Sportwelt kopf, und Nazi-Deutschland, vom Radioreporter Artur Hellmis live (!) über Volksempfänger unterrichtet, wußte sich nicht zu fassen: Ein solch großartiger Sieg des Ariers über einen »Neger«, und der Krieg hatte doch noch gar nicht begonnen. Schmelings Ansehen bei Landsleuten und NSDAP sank jedoch mit seiner K.o.-Niederlage gegen Louis in der ersten Runde 1938; diese Revanche übrigens war ein WM-Kampf, das erste Duell nicht.

Christoph Albrecht-Heider, 2005

1938

Die Pogromnacht
9. November 1938

Gewaltige Flammen schlagen aus den Synagogenfenstern, der Himmel leuchtet in grellen Farben, im Vordergrund liegt das geschändete Gotteshaus im Dunkeln – es ist ein Bild des Grauens, das den Schrecken der Pogromnacht vom 9. November 1938 nachhaltig verdeutlicht. Mit dieser intensiven Photographie haben wir ein unschätzbares Dokument in den Händen, das die Nachwelt daran erinnert, welches Leid der Menschheit, vor allem aber den Juden in Deutschland damals widerfahren ist.

Besonders bewegend ist die Entstehungsgeschichte dieser Photographie von der großen Synagoge in Bielefeld: Der Bielefelder Kaufmann Hans Asemissen, der nur wenige hundert Meter von der Synagoge entfernt wohnte, hat die Farbaufnahme, die später nachkoloriert wurde, mit versteckter Kamera gemacht. Sein Sohn, Hans jun., der das Photo 1980 nur zufällig beim Ausräumen des Elternhauses fand, erkannte die Handschrift seines Vaters vor allem daran, daß der Vater immer einen tiefen Aufnahmewinkel wählte, weil er die Kamera unter seinem Mantel versteckt hatte, um dann möglichst unauffällig auf den Auslöser zu drücken. Der Mut des Photographen verdient auch sechzig Jahre nach Ende des Krieges unsere besondere Hochachtung.

Wenn wir heute erneut von antisemitischen oder rassistisch motivierten Ausschreitungen hören oder wenn Bilder von zerstörten Synagogen in Europa und den fast alltäglichen Friedhofsschändungen über Fernseher in unsere Wohnzimmer gelangen, werden die Erinnerungen an die Ereignisse zwischen 1933 und 1945 wieder lebendig. Grund genug, mit aller Kraft gegen den Rechtsextremismus in Deutschland, der vor allem seit dem Einzug der Rechten in Sachsen und Brandenburg allgegenwärtig ist, entschlossen vorzugehen. Unsere Gesellschaft darf vor Antisemitismus und Fremdenfeindlichkeit niemals kapitulieren.

[Anna Christina Stein]

Am Abend des 9. November 1938 gab Joseph Goebbels Anweisung, im Laufe der Nacht »spontane Kundgebungen zu organisieren und durchzuführen« – gegen Juden, ihre Synagogen und Einrichtungen. Die Bilanz dieser verharmlosend »Reichskristallnacht« genannten Pogromnacht: 191 Synagogen wurden in Brand gesteckt, weitere 76 vollständig demoliert. Rund 20 000 Juden wurden festgenommen, 36 getötet, weitere 36 schwer verletzt. 815 Geschäfte wurden zerstört, 171 Wohnhäuser in Brand gesetzt.
Das Bild zeigt die 1905 eingeweihte Synagoge in Bielefeld.

oben: 15. März 1939: deutsche Truppen auf dem Weg zum Prager Wenzelsplatz

rechts: 1. September 1939: Beginn des Zweiten Weltkriegs. Soldaten der deutschen Wehrmacht demontieren einen polnischen Grenz-Schlagbaum. »Polen hat heute nacht zum ersten Mal auf unserem eigenen Territorium auch durch reguläre Soldaten geschossen. Seit 5.45 Uhr wird jetzt zurückgeschossen.« Dies waren zwei Kernsätze der Rede, mit der Adolf Hitler am Vormittag des 1. September 1939 den Einmarsch deutscher Truppen in Polen begründete. Nur wenige wußten, daß die angeblich regulären Soldaten der polnischen Armee SS-Männer waren und die bei der Aktion zurückgelassenen Toten aus deutschen Konzentrationslagern stammten. Sie waren in polnische Uniformen gesteckt und bei einem fingierten Überfall auf den Sender Gleiwitz ermordet worden.

1939

Einmarsch deutscher Truppen in Prag

Ohnmacht. Fäuste, die geballt werden. Kein einziger Hitler-Gruß. Gesichter zwischen Trauer, Niedergeschlagenheit, Wut, Aufbegehren. Nein, die deutschen Truppen waren in Prag nicht willkommen, wie vorher im Sudetenland oder in Wien.

Der Traum von der eigenen tschechischen Nation schien ausgeträumt. Dabei war diese Nation gerade einmal 20 Jahre jung. Entstanden war sie, selbst zum Erstaunen des großen Vordenkers tschechoslowakischer Autonomie, Jan Masaryk, aus dem Zusammenbruch der österreichisch-ungarischen Monarchie infolge des Ersten Weltkriegs. Das Selbstbestimmungsrecht der Völker, die große missionarische Idee, die das Eingreifen der Amerikaner in die europäischen Wirren beflügelt hatte, hatte nicht nur die Auflösung des Vielvölkerstaates, sondern auch eine Fülle neuer Staatengründungen in Europa gebracht. Die tschechoslowakischen Gebiete nahmen wirtschaftlich und kulturell einen unglaublichen Aufschwung. Schon innerhalb der Monarchie hatten hier ertragreiche landwirtschaftliche Gebiete, aber auch die Gründerzentren der industriellen Moderne gelegen. Hinzu kam der neue Schwung aus der Freude über die fast geschenkte Unabhängigkeit. Das Leben pulsierte. Der Vater des späteren Präsidenten Václav Havel baute Filmstudios und mit der Lucerna ein Vergnügungszentrum der Stadt mit vielen Restaurants, mit Kinos, Tanzpalästen und allem, was die moderne Unterhaltungskultur zu bieten hatte. In Prag, einer Vielvölkerstadt mit einer bedeutenden Anzahl an deutschsprachigen Juden, herrschte das Lebensgefühl einer Jeunesse dorée der goldenen zwanziger Jahre. Die jungen Intellektuellen der jungen Republik hatten enge Verbindungen zu Wien und Berlin – Kontakte, die beim Aufkommen des Nationalsozialismus in Deutschland Prag zur ersten Fluchtadresse für viele Exilanten machte.

Im Vergleich mit den anderen jungen Demokratien Nachkriegseuropas schnitt die junge tschechisch-slowakische Republik gut ab, sie war stolz auf die Rechte für ihre Minderheiten, den Schutz ihrer Sprachen, Beteiligung am politischen System und am Bildungswesen. Dennoch war die deutsche Minderheit unzufrieden, war sie doch zuvor in Österreich-Ungarn die erste der Kulturen gewesen und mußte sie sich nun mit der Dominanz von Tschechen und Slowaken abfinden. Deswegen erschien ihnen der Einmarsch der Deutschen wie die Wiederherstellung der alten Verhältnisse, mit dem vermeintlichen »Deutsch-Österreicher« Adolf Hitler an der Spitze. Ein fatales Mißverständnis mit katastrophalen Folgen.

Dreißig Jahre später, 1968, beim Einmarsch der sowjetischen Truppen mit ihren Verbündeten, sollten die Prager sich wieder an dieses Bild erinnern. Dieselbe Wut, dieselbe Ohnmacht. Aber auch diesmal war das, was als schneller endgültiger Sieg einer unendlich überlegenen Militärmacht erschien, nicht von langer Dauer.

[Antje Vollmer]

1942

Anne Frank

»Wie werden sie in den fernen und barbarischen Gebieten leben, wo sie hingeschickt werden? Wir nehmen an, daß die meisten ermordet werden. Der englische Sender spricht von Vergasung; vielleicht ist das noch die schnellste Sterbemethode«, schrieb Anne Frank unter dem 9. Oktober 1942 in jenes Tagebuch, das sie postum weltberühmt machte – als vielzitierte Botschafterin der Diskriminierten, als Symbol für Humanität und Toleranz, als Inbegriff von Optimismus und Lebenswillen, als »Hitlers bekanntestes Opfer«.

Von Juli 1942 an versteckte sich das in Frankfurt am Main geborene Mädchen gemeinsam mit ihrer Familie in einem Amsterdamer Hinterhaus. 25 Monate später, Anfang August 1944, wurde sie an die Nazis verraten und über das Durchgangslager Westerbork erst nach Auschwitz und schließlich nach Bergen-Belsen verschleppt. Dort ließ man sie elend zugrunde gehen.

Im Versteck rettete Anne Frank sich vor Angst und Einsamkeit in ihr Tagebuch. In der Zwiesprache mit sich selbst reifte sie zu einer begabten Schriftstellerin. »Wenn Gott mich leben läßt, werde ich nicht unbedeutend bleiben.« (11. April 1944). Auch in Bergen-Belsen, das wissen Überlebende, sprach sie davon, einmal einen Roman veröffentlichen zu wollen – »Das Hinterhaus«. Anne Frank starb wenige Wochen vor der Befreiung des Lagers. Sie wurde fünfzehn Jahre alt. 1947 gab Annes Vater Otto, der einzige Überlebende seiner Familie, die holländische Originalausgabe der von ihm editierten Tagebücher heraus – »Het Achterhuis«. Nur die Bibel, heißt es, wurde seither öfter gelesen als »Das Tagebuch der Anne Frank«. Es dokumentiert das ebenso aufrichtige wie kritische Ringen eines jungen Mädchens um Selbsterkenntnis. Und es bezeugt – das wollen viele seiner Leser bis heute nicht wahrhaben –, daß man wissen konnte, wenn man wissen wollte…

[Melissa Müller]

Zwei Tage nach ihrem 13. Geburtstag, am 12. Juni 1942, begann Anne Frank (1929–1945) ihr Tagebuch. »Das Tagebuch der Anne Frank«, das inzwischen weltweit zu den bekanntesten Büchern gehört, hat vor allem junge Menschen immer wieder mit dem Schicksal der Juden in der NS-Diktatur konfrontiert.

1943

Sophie Scholl

Jeder Mensch hat, unabhängig von seinem Glauben oder seiner Lebenseinstellung, ein Gewissen. Auf die Frage, woran man sich halten solle, wenn nicht an das Gesetz, antwortete Sophie Scholl dem, der sie tagelang verhörte: »An das Gewissen.«
Sophie Scholl wuchs in einer christlichen Familie in Ulm auf und wurde während ihrer Schulzeit Mitglied im »Bund Deutscher Mädel«, das war eine Jugendorganisation der NSDAP. Irgendwann aber merkte sie, daß sie nicht mehr sagen konnte, was sie dachte. Da hat sie begonnen, den Nationalsozialismus kritisch zu sehen. Während ihres Studiums in München lernte sie durch ihren älteren Bruder Hans Christoph Probst und Alexander Schmorell kennen; sie zusammen gründeten die »Weiße Rose«, eine Widerstandsgruppe gegen den Nationalsozialismus. Auch diese drei folgten ihrem Gewissen. Sie verteilten in München Handzettel, auf denen sie zum passiven Widerstand aufriefen, und schafften es sogar, daß ihre Flugblätter in England gedruckt und diese über München per Flugzeug abgeworfen wurden. Selbst den englischen Radiosender BBC konnten sie davon überzeugen, den Inhalt der Flugblätter über Funk verbreiten zu lassen. Der unglaublich mutige Kampf der Sophie Scholl und der anderen Mitglieder der Weißen Rose endete, als Sophie zusammen mit ihrem Bruder beim Kopieren der Flugblätter erwischt wurde. Am 22. Februar 1943 wurde Sophie Scholl von dem schrecklichen Richter Roland Freisler zum Tode verurteilt. Sie vertraute aber so sehr auf ihr Gewissen, daß sie dieses Urteil, ohne ihre Miene zu verändern, hinnahm.
Was Sophie Scholl in ihrem kurzen Leben getan hat, ist ungeheuer mutig gewesen. Es ist sehr schwer zu sagen, wie man selbst in einer solchen Situation gehandelt hätte. Aber ich glaube, es gibt wenige Menschen, die ein so ausgeprägtes Gewissen haben, wie Sophie Scholl es hatte.

[Philipp Knoll (15 Jahre)]

Im Sommer 1942 gründeten Sophie Scholl (Mitte; 1921–1943), ihr Bruder Hans (links), Christoph Probst (rechts) und weitere Studenten, die sich gegen die Vereinnahmung durch den Nationalsozialismus zur Wehr setzten, an der Münchner Universität die Widerstandsgruppe »Weiße Rose«. Am 18. Februar wurden die Geschwister Scholl beim Kopieren von Flugblättern verhaftet und bereits vier Tage darauf zum Tode verurteilt und hingerichtet.

Das »Selbstbildnis mit Judenpaß« malte Felix Nussbaum (1904–1944) um 1943, als er sich mit seiner Frau auf der Flucht vor den Nazis in Brüssel verstecken mußte.
Osnabrück, Kulturgeschichtliches Museum

1943

»Selbstbildnis mit Judenpaß«
Felix Nussbaum

»Selbstbildnis mit Judenpaß« ist wohl das bekannteste Gemälde des bedeutenden deutsch-jüdischen Malers Felix Nussbaum. Es zeigt einen starr blickenden, ausgemergelten jungen Mann mit gelbem Stern, der sich ausweisen muß. Der Mann steht mit dem Rücken zur Wand, Mauern sind im Hintergrund erkennbar. Ein Ausweg scheint für den von Todesangst Gezeichneten nicht zu existieren. Gibt es eine Welt außerhalb der Mauer? Der Betrachter erkennt am Horizont nur diffuse Facetten: ein Haus ohne Innenleben, einen abgestorbenen Baum, Strommasten, die an Stacheldrahtverhaue erinnern, über der Szene ein düsterer Himmel, eine schwarze Wolke – nur die Vögel scheinen dem Unheil entfliehen zu können.

Ist es tatsächlich ein Selbstbildnis? Felix Nussbaum – der Name steht auf dem Schriftstück, das der offensichtlich Verfolgte hochhält und auf dem in roten Buchstaben »Juif/Jood« gedruckt ist. Es ist ein Selbstbildnis, das eine starke Authentizität vermittelt. In dem Gesicht des Porträtierten, in seinen weitaufgerissenem Augen sind deutliche Spuren der Verfolgung zu erkennen: Angst, existentielle Fragen, gleichzeitig Überlebenswille und Resignation sowie unendliche Trauer. Die Geschichte, die Nussbaum mit diesem ausdrucksstarken Gemälde erzählt, ist ein Synonym für die systematische Jagd auf die Juden Europas. Das »Selbstbildnis mit Judenpaß« ist ein Symbol für Demütigung, Stigmatisierung und Vernichtung.

Das Bild ist 1943 entstanden. Der 1904 in Osnabrück geborene Künstler war gerade 38 Jahre alt. Nach der Machtergreifung der Nazis flüchteten Felix Nussbaum und seine polnische Ehefrau, die Malerin Felka Platek, aus Deutschland. Ihr Weg führte sie über Frankreich und Italien nach Belgien, wo sie von 1942 bis 1944 versteckt bei einem befreundeten Kunsthändler in Brüssel lebten. Das Paar wurde im Juni 1944 denunziert und kam mit einem der letzten Deportationszüge nach Auschwitz, wo es am 9. August 1944 umgebracht wurde. Am 3. September 1944 marschierten die Alliierten in Brüssel ein.

»Wenn ich untergehe, laßt meine Bilder nicht sterben« bat der voller Verzweiflung, der den Millionen Opfern ein individuelles Gesicht gegeben hat. Die Bundesregierung hat Nussbaums künstlerisches Werk 1993 explizit zum »zu schützenden nationalen Kulturgut« erklärt. Seit 1998 sind in dem von Daniel Libeskind entworfenen Felix-Nussbaum-Haus in Osnabrück über 170 seiner Arbeiten ausgestellt. Damit wurde Felix Nussbaum, dem bereits 1931 mit dem Gemälde »Der tolle Pariser Platz« der künstlerische Durchbruch gelungen war, ein angemessenes Denkmal gesetzt.

[Anna Christina Stein]

1943

Bomben auf deutsche Städte

Der Bombenkrieg folgt dem Prinzip der Folterer, verabreicht keine Strafe, sondern erzwingt ein Verhalten. Der Städter wird in Druck- und Hitzewellen gereinigt, bis er von seinen Anführern abläßt, streikt, rebelliert, desertiert und weiteres Kriegführen vereitelt. Der Gefolterte selbst entscheidet, wann er genug hat und sich fügt. All seine Pein ist seinem Starrsinn zuzuschreiben, er hat es in der Hand, sie abzustellen. Diese Verhaltenslehre der Massenvernichtungswaffe ist bisher an zwei Populationen systematisch erprobt worden, der japanischen und der deutschen im Zweiten Weltkrieg. Beider Streitkräfte hatten zuvor chinesischen, polnischen und britischen Städten aus der Luft zugesetzt. England und Amerika replizierten besser vorbereitet und radikal.

Den Deutschen widerfuhr das Menschenexperiment fünf Jahre lang, die Hälfte davon intensiv. Sie sahen ein Jahrtausend Baugeschichte verglühen und zerspringen, weil allein die Stadt die Materie des Bombardierens darbietet: Interieure und Gebälk, das sich entzündet. Gemäuer, das durch Explosionsdruck einstürzt, Keller, die Brandgase stauen, Straßen, die den Orkan der Heißluftturbulenzen leiten. Es steht eine Industrie mit ihren Wissenschaftlern, Technikern, Arbeits- und Finanzquellen hinter dem Verfahren des Städteknackens. Alle Produktivkräfte des Maschinenzeitalters werden Destruktivkräfte, die von 1940 bis 1945 erlernen, Flächen und Massen zu bearbeiten, bis die Höllen von Köln, Hamburg, Kassel, Darmstadt, Duisburg, Magdeburg, Dresden, Würzburg und den anderen 150 Städtezielen sich auftun.

Den zuvor ungekannten Bombenteppichen der Fliegerströme – ein Würgeengel von Hunderten, kilometertief horizontal und vertikal gestaffelten Luftfahrzeugen – steht die Zivilperson gegenüber. Sie wird zum Kämpfer, doch nur ums eigene Leben. Es braucht eine Zuflucht, wo in Tiefgeschossen, zwischen Bunkerwänden, an Flußufern, Vorortgärten etc. die Foltermaschinerie nicht richtig packt. Das Entkommen durch irgendeine Lücke absorbiert den Stadtbewohner dermaßen, daß ihm eine politische Reaktion gar nicht einfällt, nur ein Reflex: Das Volk rebelliert nicht, sondern jeder für sich nimmt Reißaus. Nach ihrem Scheitern folgerten die Massenvernichtungsstrategen, daß ihr downfall künftig lückenloser und unentrinnbar wirken müsse. Das bleibt abzuwarten. Deutschland blieb ein Untergangstrauma, einschneidend wie der Dreißigjährige Krieg.

[Jörg Friedrich]

Überlebende eines Bombenangriffs in Mannheim nach der Befreiung aus dem Luftschutzkeller

In der Nacht zum 25. Juli 1943 begann die britische Luftwaffe mit Serienangriffen auf Hamburg, die bis zum 30. Juli andauerten. Über 700 Bomber flogen gegen die Hafenstadt und entfachten durch die ungeheure abgeworfene Bombenlast einen Feuersturm, bei dem über 18 000 Menschen umkamen. Eine Frau läuft mit ihrer letzten Habe durch eine Hamburger Straße, um sich vor den Bomben in Sicherheit zu bringen.

1943

Deutsche Kriegsgefangene nach der Kapitulation bei Stalingrad

Unzählige Männer mit leeren Gesichtern in einem Dorf. Auf den Dächern der Häuser liegt Schnee, Masten ragen in die Luft. Die Männer haben zum Schutz gegen die Kälte die Kragen hochgeschlagen, tragen Kopfschutz und Handschuhe. Daß sie einst Soldaten waren, erkennt nur, wer genau hinschaut. Vereinzelt Metallknöpfe und Koppel, keine Hoheitsabzeichen.

Das Bild der Elendsgestalten entstand nach der Kapitulation der 6. Armee der Wehrmacht am 31. Januar 1943 in Stalingrad. 250 000 deutsche Soldaten sind gefallen in der Stadt, die bis 1961 den Namen des sowjetischen Diktators trug. Die Männer auf dem Bild gehören zu den 100 000, die in Gefangenschaft geraten. Was sie nicht wissen, vielleicht ahnen: nur wenige werden zurückkehren, etwa 6 000.

Stalingrad wurde zum Begriff der Wende im Zweiten Weltkrieg. Hier an der Wolga versank der Nimbus von der Unbesiegbarkeit der Wehrmacht nach ihren Blitzkriegserfolgen. Und zum Inbegriff für blinden Gehorsam. Denn der Oberbefehlshaber der 6. Armee, Generalfeldmarschall Friedrich Paulus, hatte es nicht gewagt, wider den Befehl Hitlers zu handeln und den Ausbruch aus dem Kessel zu wagen.

Der Oberbefehlshaber gehörte zu den wenigen Glücklichen, die heimkehren konnten.

[Helmut Böger]

Deutsche Kriegsgefangene bei Stalingrad. Die verlorene Schlacht – sie dauerte von Ende August 1942 bis Anfang Februar 1943 – bedeutete die Wende des von Deutschland angezettelten Weltkriegs. Je länger sie dauerte, desto mehr wurde sie für Hitler und Stalin zu einer Prestigefrage. Zunächst konnten die deutschen Truppen fast neun Zehntel der Stadt erobern, dann wurden sie von einer sowjetischen Großoffensive aufgerieben und in einem Kessel eingeschlossen.

Selektion – Auswahl für die Ermordung in den Gaskammern oder für die Zwangsarbeit – durch einen SS-Offizier im KZ Auschwitz-Birkenau. Das Bild zeigt aus Ungarn angekommene Juden im Sommer 1944. Die Photographie wurde mit weiteren Aufnahmen nach dem Krieg in der Tschechoslowakei bei einem SS-Mann gefunden.

1944

Konzentrationslager Auschwitz

Ich kam am 22. August 1944 nach Auschwitz, zusammen mit meiner Mutter, meinem Bruder, meinem Vater, meiner Tante, meinem Onkel und meinem Cousin. Im selben Waggon wie wir war mein Nachbar, der ein vierjähriges Kind bei sich hatte; seine Frau war im Ghetto gestorben.
In Auschwitz stiegen wir aus dem Zug, und sie (die Deutschen) sonderten die Männer gleich aus. Frauen und Kinder standen auf der einen Seite, die Männer auf der anderen. Als wir aus dem Zug ausstiegen und die Männer von uns getrennt wurden, blieb dieses kleine Mädchen ganz allein. Meine Mutter ging zu ihm und sagte: »Machen Sie sich keine Sorgen, ich kümmere mich um das Kind.« Sie nahm das Kind an der Hand und ließ es nicht mehr los.
Alles ging sehr schnell. Als Mengele kam, begann er mit der Selektion. Meine Tante und ihr kleiner Sohn wurden nach links beordert, und als er meine Mutter fragte, ob das kleine Mädchen ihr Kind sei, und sie nickte, schickte er sie nach links. Da mein Bruder damals erst zwölf war, schickte er ihn auch nach links, mich winkte er nach rechts.
Ich begriff, daß meine Mutter auf der anderen Seite war, und wollte zu ihr laufen. Eine Jüdin fing mich in der Mitte der Strecke ab und sagte auf Polnisch: »Wag es nicht, dich von hier wegzurühren!« Sie wußte, daß ich in die Gaskammer kommen würde, wenn ich auf der anderen Seite stünde. Ich stand da, und die Frau hielt mich fest.
Das war das letzte Mal, daß ich meine Mutter gesehen habe. Sie ging mit dem Kind des Nachbarn. Wenn wir von Helden sprechen, wohlgemerkt, das war eine Heldin: eine Frau, die ein vierjähriges Kind nicht alleinlassen wollte.

Esther Zucker
(bei ihrer Ankunft in Auschwitz 14 Jahre alt)

Haupteingang des Konzentrationslagers Auschwitz mit der Inschrift »Arbeit macht frei« über dem Tor

1944

Julius Leber vor Gericht

Er war eine der führenden Figuren der deutschen Arbeiterschaft. Als Freiwilliger war er im Ersten Weltkrieg zum Offizier befördert worden und hatte viele Auszeichnungen erhalten. Seine Generation hatte von der Front zwei gegensätzliche Erfahrungen zurückgebracht. Die einen wollten den Krieg wiederholen und zu einem, wie sie meinten, welthistorisch gerechteren Ergebnis führen, die anderen ein modernes, demokratisches Gemeinwesen aufbauen. Julius Leber gehörte der zweiten Gruppe an und galt unter den jüngeren Verschwörern dank seiner Offenheit, seiner Freiheit von allen ideologischen Beengungen sowie seinem pragmatischen Einfallsreichtum als führender Mann für die nachhitlerische Zeit. Stauffenberg trat für ihn als künftigen Reichskanzler ein.

Rund vierzehn Tage vor dem Attentat vom 20. Juli 1944 wurde er von einem kommunistischen Spitzel denunziert und vor dem Volksgerichtshof angeklagt. Dem Präsidenten des Gerichts, Roland Freisler, ging es nicht nur um rasche Urteile. Vielmehr leitete ihn zugleich die Absicht, die Angeklagten zu entwürdigen und moralisch zu zerstören. Bei keinem von ihnen ist das so auffällig mißlungen wie bei Julius Leber. Am Ende brach Freisler das Verhör verärgert ab. In Lebers Abschiedsbrief heißt es: »Für eine gute und gerechte Sache ist der Einsatz des eigenen Lebens der angemessene Preis. Wir haben getan, was in unserer Macht gestanden hat.« Julius Leber wurde am 5. Januar 1945 hingerichtet.

[Joachim Fest]

Am 20. Oktober 1944 fand der Prozeß gegen den sozialdemokratischen Politiker Julius Leber (1891–1945) vor dem Volksgerichtshof statt, der zu dieser Zeit im Berliner Kammergericht in der Elßholzstraße tagte. Angeklagt waren der einstige SPD-Reichstagsabgeordnete und zwei weitere Mitglieder des antifaschistischen Widerstands wegen »Landesverrats, Feindbegünstigung, Hochverrats, Nichtanzeige eines hochverräterischen Unternehmens«.

Sowjetische Soldaten hissen am 2. Mai 1945 auf dem Berliner Reichstag die Fahne des Siegers, es war der Tag, an dem die Reichshauptstadt kapitulierte. Bereits am 30. April waren Soldaten der Roten Armee mit ihrer Flagge bis auf das Dach vorgedrungen; doch ohne Kamera. Der sowjetische Photograph Jewgeni Chaldeij ließ deshalb die triumphale Geste noch einmal wiederholen und machte so ein Bild, das als Symbol des Sieges um die ganze Welt ging.

1945

Die Sowjetflagge auf dem Reichstag
2. Mai 1945

Berlin, 2. Mai 1945: Jewgeni Chaldeij, Photograph der sowjetischen Nachrichtenagentur TASS, ist auf Motivsuche vor dem zerstörten Reichstag. Eine rote Fahne, noch in Moskau gemeinsam mit einem Schneider aus Tischtüchern genäht, soll mit auf das Bild.
Bereits zwei Tage zuvor hatte die sowjetische Armee den Reichstag erstürmt, Soldaten hißten eine erste Fahne auf der Kuppel. Da noch gekämpft wurde, war kein Photograph anwesend. Am 2. Mai läßt daher die Führung der Roten Armee die Kapitulation Berlins nachstellen. Der Photograph erhält die Erlaubnis zum Phototermin im Reichstag.
Er sucht eine optimale Komposition für sein Bild: die Ostseite des Reichstags, Richtung Brandenburger Tor. Die Ruinen des zerbombten Berlin sind von hier aus deutlich zu sehen. Einer der Soldaten klettert auf eine Säule und hält die an einer Stange befestigte Fahne. Der zweite, ein sowjetischer Offizier, hält seinen Fuß. Eine Serie von Bildern entsteht.
Bereits am 3. Mai fliegt Jewgeni Chaldeij nach Moskau zurück und bringt das Photo zu TASS. Die Agentur beabsichtigt, es als offizielles Photo zu verbreiten. Bedingung hierfür ist jedoch, daß Chaldeij eine Korrektur vornimmt. Der sowjetische Offizier, der seine Kameraden auf der Säule stützt, trägt – deutlich zu sehen – an jedem Handgelenk eine Armbanduhr. Plünderung darf auf einem offiziellen Photo jedoch nicht dokumentiert sein, Chaldeij muß eine Uhr entfernen. Dieses Photo, das im Laufe der Zeit zu einer Ikone wird, ist also nicht nur kunstvoll inszeniert, sondern zudem retuschiert.

Renate Schlief-Ehrismann, 1998

1945

Kapitulation der Wehrmacht
8. Mai 1945

Generäle der Wehrmacht unterzeichneten am 8. Mai 1945 in Berlin-Karlshorst die Kapitulationsurkunde: von links nach rechts Generaloberst Hans-Jürgen Stumpff (1889–1968), Generalfeldmarschall Wilhelm Keitel (1882–1946) und Generaladmiral von Friedeburg (1895–1945).

1. Wir, die hier Unterzeichnenden, die wir im Auftrage des Oberkommandos der Deutschen Wehrmacht handeln, übergeben hiermit bedingungslos dem Obersten Befehlshaber der Alliierten Expeditionsstreitkräfte und gleichzeitig dem Oberkommando der Roten Armee alle gegenwärtig unter deutschem Befehl stehenden Streitkräfte zu Lande, zu Wasser und in der Luft.
2. Das Oberkommando der Deutschen Wehrmacht wird unverzüglich allen deutschen Land-, See- und Luftstreitkräften und allen unter deutschem Befehl stehenden Streitkräften den Befehl geben, die Kampfhandlungen um 23.01 Uhr mitteleuropäischer Zeit am 8. Mai 1945 einzustellen, in den Stellungen zu verbleiben, die sie in diesem Zeitpunkt innehaben, und sich vollständig zu entwaffnen, indem sie ihre Waffen und Ausrüstung den örtlichen alliierten Befehlshabern oder den von den Vertretern der obersten alliierten Militärführungen bestimmten Offizieren übergeben. Kein Schiff, Seefahrzeug oder Flugzeug irgendeiner Art darf zerstört werden, noch dürfen Schiffsrümpfe, maschinelle Einrichtungen oder Geräte, Maschinen irgendwelcher Art, Waffen, Apparaturen und alle technischen Mittel zur Fortsetzung des Krieges im allgemeinen beschädigt werden.

Aus der Kapitulationsurkunde
vom 8. Mai 1945

Am 13./14. Februar 1945 war Dresden das Ziel eines alliierten Bombardements. In der Stadt, in der sich zu dieser Zeit Tausende Flüchtlinge aufhielten, starben an diesen Tagen mehr als 35 000 Menschen. Das Photo von den Trümmern der Innenstadt ist gleichsam ein Symbol für die Zerstörung und das Leid, das der von Deutschland begonnene Krieg über die Menschen gebracht hat.

CARE
Berlin

1945 – 1961

Von der »Stunde Null«
bis zur deutsch-deutschen Krise

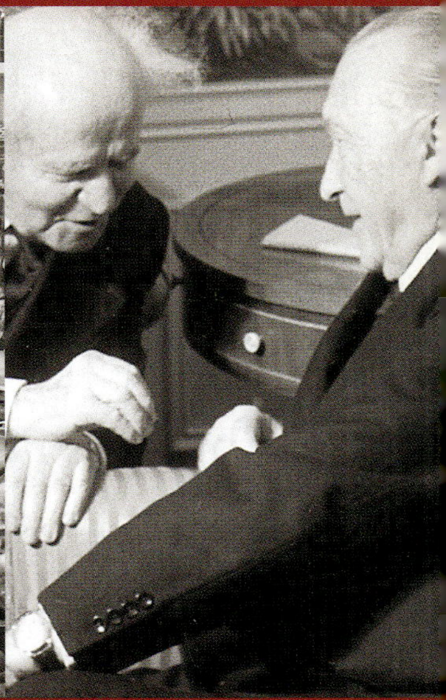

1945

Deutsche Flüchtlinge

»1945, Flüchtlinge«. Die Bildunterschrift trifft nicht zu. Die Erinnerung hält mehrere Bilder von reisenden Flüchtlingen bereit. Könnten es nicht auch Hamsterer sein? frage ich. So hingen sie nämlich an den Zügen, die in die Provinz fuhren, wo man silberne Tabatieren, Nylons, Zigaretten gegen »Fressalien« tauschen konnte. Ein Jahr lang fuhren die Züge nicht nach Fahrplan. Sie kamen unangesagt an und nahmen alle mit. Ich saß mit zwölf Jahren zusammen mit meiner Tante ein paar Stunden lang auf einem Tender, auf der Kohle, die der Heizer uns unterm Hintern wegschaufelte. Die »Flüchtlingstransporte« hingegen fuhren zu angegebener Zeit ab, bestanden aus einer Folge von Viehwaggons, wurden von den Besatzungsmächten »beschützt« und landeten in Auffanglagern. Ich kam 1946 im schwäbischen Wasseralfingen an. Die Bahnhöfe wurden renoviert, wiederaufgebaut. Bald gab es an den Schaltern Fahrkarten, niemand mehr mußte seinen Platz auf dem Trittbrett oder auf den Puffern suchen; die Karten wurden für die Zukunft gelöst.

[Peter Härtling]

In der Nachkriegszeit kam der Verkehr erst langsam wieder in Gang. Die wenigen Züge, die fuhren, waren überfüllt. Flüchtlinge versuchten, weiter Richtung Westen zu kommen, die Bewohner der Städte hofften, auf dem Land Nahrungsmittel zu finden.

1946

Trümmerfrauen

Endlich. Der Krieg ist zu Ende. Er hat 60 Millionen Menschen das Leben gekostet. Die Männer und Väter sind auf dem Schlachtfeld umgekommen, oder in Gefangenschaft. Zu Hause in Deutschland packen die Frauen mit beiden Händen zu. Trümmerfrauen wird man sie später nennen. Und über ihre Renten streiten. Das kleine Mädchen hier ist stolz, daß es seiner Mami helfen kann. Die paar Holzscheite im Arm versprechen Wärme am Abend zu Hause und Feuer im Ofen für den Grießbrei. Den gibt es jetzt wieder. Denn inzwischen sind die Alliierten einmarschiert. »Chocolate for the baby« – ein schier unvorstellbarer Schatz. Für die Babys 1946. Eines davon war ich.

Die ersten Nachkriegsjahre habe ich trotz aller Ruinen und Einschränkungen heiter in Erinnerung. Die Eltern gingen aus, kamen lachend spät heim, und der erste Volkswagen, schwarz mit geteilter Heckscheibe, stand unter unserem Balkon auf der Straße. Auch so eine Kostbarkeit. Trotz aller Trümmer herrschte Hoffnung. In kleinen Gärten wuchs wieder Gemüse. Ich saß oben in einer Zinkwanne und durfte an heißen Sommertagen baden. Kinderglück. Sichtbar und fühlbar auch im kleinen Gesicht und an den zupackenden Händchen des Mädchens, das Holz wie einen Schatz nach Hause trägt. Wir sollten das nicht vergessen.

[Maria von Welser]

links: »Ausgebombt« – ein alltägliches Wort 1945. Wohnungen ohne Dach, ohne Türen, ohne Fenster und auch ohne vier Wände waren die Normalität. In den Trümmern suchte man nach allem: nach Möbeln, Küchengerät, Öfen und auch nach Holz.

rechts: Berliner Trümmerfrauen beim Steineklopfen, dem Säubern der Ziegelsteine von Mörtelresten. Bereits in den ersten Wochen nach Kriegsende begann man mit den Aufräumarbeiten. Da es kaum männliche Arbeitskräfte gab, waren es vor allem die Frauen, die in der Nachkriegszeit die Städte wieder in Ordnung brachten. Allerdings sollte es noch Jahre dauern, bis alle Trümmer beseitigt waren.

Am 20. November 1945 begann in Nürnberg vor dem Internationalen Gerichtshof der Prozeß gegen die Hauptkriegsverbrecher; er endete am 1. Oktober 1946 mit zwölf Todesurteilen. Blick auf die Anklagebank, erste Reihe: Hermann Göring (1893–1946), Rudolf Heß (1894–1987), Joachim von Ribbentrop (1893–1946), Wilhelm Keitel (1882–1946), Ernst Kaltenbrunner (1903–1946), Alfred Rosenberg (1893–1946), Hans Frank (1900–1946), Wilhelm Frick (1877–1946), Julius Streicher (1885–1946), Walther Funk (1890–1960), Hjalmar Schacht (1877–1970); zweite Reihe: Karl Dönitz (1891–1980), Erich Raeder (1876–1960), Baldur von Schirach (1907–1974), Fritz Sauckel (1894–1946), Alfred Jodl (1890–1946), Franz von Papen (1879–1969), Arthur Seyß-Inquart (1892–1946), Albert Speer (1905–1981), Konstantin von Neurath (1873–1956), Hans Fritzsche (1900–1953). Im Vordergrund die Plätze der Verteidiger.

1945/46

Der Nürnberger Hauptkriegsverbrecherprozeß

Das Nürnberger Tribunal gegen 22 führende Politiker und Generäle des Naziregimes war der weltgeschichtlich erste Versuch, auf einen beispiellosen Mißbrauch staatlicher Macht mit den Mitteln des Rechts zu antworten. Das 1945/46 durchgeführte Verfahren enthüllte der deutschen Öffentlichkeit das furchtbare Ausmaß der nationalsozialistischen Verbrechen.
Dieser Prozeß stellte allein in organisatorischer Hinsicht alles bisher dagewesene in den Schatten. An 218 Tagen wurde verhandelt. Das Sitzungsprotokoll umfaßt vier Millionen Wörter und füllt 16 000 Seiten. Von der Anklage wurden 2 360 Beweisdokumente vorgelegt, von der Verteidigung 2 700. Das Gericht hörte 240 Zeugen und prüfte 300 000 eidesstattliche Erklärungen. Der Prozeß wurde in vier Sprachen geführt: Englisch, Französisch, Russisch und Deutsch.
Dieser internationale Militärgerichtshof bildete den Auftakt einer neuen Epoche des Völkerrechts: In Ausübung staatlicher Macht begangene Verbrechen gegen den Frieden und die Menschlichkeit sollten künftig nicht mehr mit dem Mantel der Souveränität zugedeckt werden dürfen. Allerdings dauerte es noch über ein halbes Jahrhundert, bis im Jahre 1998 das Statut zur Gründung eines ständigen Internationalen Strafgerichtshofs beschlossen wurde. Auch vor diesem Gericht wird nicht ein Staat, sondern werden Individuen – wegen Völkermords, Kriegsverbrechen oder Verbrechen gegen die Menschlichkeit – angeklagt werden. Es ist das historische Verdienst des Internationalen Militärgerichtshofs in Nürnberg und der Folgeprozesse, deutlich gemacht zu haben, daß auch staatliche Herrschaft an Schranken gebunden ist, insbesondere an die für ein friedliches Zusammenleben von Menschen und Staaten unabdingbaren Grundnormen des Rechts und der Moral.

[Jutta Limbach]

1946

Die Gründung der SED
21. und 22. April 1946

Die geschichtliche Aufgabe der geeinten Arbeiterbewegung ist es, den Kampf der Arbeiterklasse und des schaffenden Volkes bewußt und einheitlich zu gestalten. Die Sozialistische Einheitspartei Deutschlands hat die Gegenwartsbestrebungen der Arbeiterklasse in die Richtung des Kampfes um den Sozialismus zu lenken, die Arbeiterklasse und das gesamte schaffende Volk bei der Erfüllung dieser ihrer historischen Mission zu führen. Die Einheit der sozialistischen Bewegung ist die beste Gewähr für die Einheit Deutschlands! Sie wird den Sieg des Sozialismus sichern! Der Sozialismus ist das Banner der Zukunft! In diesem Zeichen werden wir siegen!

Aus der Vereinigungsurkunde der SED, 1946

Nach der Vereinigung von SPD und KPD hielt Walter Ulbricht (1893–1973), der starke Mann der KPD und spätere Partei- und Regierungschef in der DDR, die neue Flagge der SED stolz in die Höhe.

Auf dem Gründungsparteitag der SED am 22. April im Berliner Admiralspalast. Der symbolische Händedruck zwischen den Parteiführern der KPD, Wilhelm Pieck (links; 1876–1960), und der SPD, Otto Grotewohl (1894–1964), besiegelte die zwangsweise Vereinigung ihrer Parteien im von der Sowjetunion besetzten Teil Deutschlands. Mit der neuentstandenen Sozialistischen Einheitspartei Deutschlands (SED) – der alles beherrschenden Partei der späteren Deutschen Demokratischen Republik – begann die sowjetische Militärregierung den Aufbau ihrer Besatzungszone auf marxistisch-leninistischer Grundlage.

Mit Hilfe der Schulspeisung konnte ab dem Frühjahr 1947 in der amerikanischen und britischen Zone die Ernährungssituation der Kinder verbessert werden. Für viele der 3,5 Millionen Kinder und Jugendlichen zwischen sechs und achtzehn Jahren war das fast ausschließlich aus Verpflegungsbeständen der Besatzungstruppen bereitgestellte Essen die einzige Mahlzeit am Tag.

1947

Schulspeisung

An guten Tagen gab es sogar Kakao. In den ersten Volksschuljahren in der Mönchhofschule in Heidelberg gingen wir in der großen Pause in den Keller, dort standen wir an, und aus Kisten, die heute vergleichbar wären mit jenen, in denen man Bier oder Wasser nach Hause trägt, erhielt jedes Kind eine Viertelliter-Milchflasche. Ich glaube sogar mit einem Strohhalm. Ich kann mich nicht mehr erinnern, wer die Milch austeilte. Der Hausmeister war es nicht. Ich glaube auch nicht, daß es die Lehrer waren. Erinnerungen können ja trügen, aber es hat sich bei mir der Gedanke festgesetzt, daß diese Milch, die jedem kostenlos ausgegeben wurde, von den Amerikanern verteilt oder zumindest gestiftet wurde. Stand der Marshall-Fund dahinter?
Die Essensrationen, die auf Lebensmittelkarten zu beziehen waren, reichten für viele Familien kaum zum Leben. Deswegen war die Schulspeisung ein wahrer Segen. Durch sie erhielten viele Kinder wenigstens einmal am Tag eine warme Mahlzeit.
Die »Richtlinien für die Durchführung der Schulspeisung« legten fest: »Zum empfangsberechtigten Personenkreis zählen alle schulpflichtigen Kinder im Alter von 6 bis 18 Jahren ... nach ärztlichem Gutachten. Kinder von Selbstversorgern sind nicht teilnahmeberechtigt.« Eine ärztliche Untersuchung hatte ergeben: Ein Fünftel der Kinder ist dringend speisungsbedürftig. Der Gesamtzustand der Untersuchten zeigte ein durchschnittliches Untergewicht von etwa 15 bis 20 Prozent. Bereits sechs Wochen nach der Einführung der Schulspeisung stellte die Schulleitung eine Gewichtszunahme bei den Kindern fest.
Am schönsten fand ich es aber, wenn sich statt der Milch in den Flaschen Kakao befand.

[Ulrich Wickert]

Die Aufrufe des amerikanischen Generals Lucius Clay (1897–1978) – Militärgouverneur der amerikanischen Besatzungszone von 1947 bis 1949 –, in denen er vor einer Hungerkatastrophe im Nachkriegsdeutschland warnte, stießen in den USA auf ein großes Echo. 1946 gründete sich in den USA die Hilfsorganisation CARE (Cooperative for American Remittances to Europe), und bald darauf wurden die ersten Lebensmittelpakete über den Atlantik geschickt. Die fast legendär gewordenen CARE-Pakete, die meist 8,8 Pfund Fleisch, 5,8 Pfund Nährmittel und Kekse, 3,5 Pfund Zucker und Schokolade, 3,2 Pfund Marmelade und Pudding, 2 Pfund Gemüse, 1 Pfund Kakao, Kaffee und Getränkepulver, 350 Gramm Milch, 200 Gramm Butter und 200 Gramm Käse enthielten, retteten viele deutsche Familien vor dem Hungertod.

Wie hier in München warteten die Menschen am 20. Juni 1948 überall in den westlichen Besatzungszonen in endlosen Schlangen auf ihre erste Deutsche Mark.

1948

Die Währungsreform in den drei Westzonen

Ein regnerischer Sonntag: In langen Schlangen warten die Deutschen in den Westzonen am 20. Juni 1948 vor den Ausgabestellen auf ihre neue Mark. Über das Datum der Währungsreform ist seit Monaten spekuliert worden. Um Panikreaktionen zu vermeiden, erfahren viele Westdeutsche erst 24 Stunden vorher davon – buchstäblich in letzter Minute, denn die alte Reichsmark, das Kleingeld ausgenommen, verliert mit dem Folgetag ihre Gültigkeit. Wer bereits vor der Währungsreform sein Altgeld für Waren und Dienstleistungen »losgeworden« ist, frohlockt.
Für einen kurzen Moment kommt das Gefühl auf, alle seien gleich reich oder arm, denn jeder Einwohner erhält den »Kopfbetrag« von 60 DM, von denen im Tausch gegen 60 Mark Altgeld zunächst 40 DM ausgezahlt werden. Erste Reaktion auf die ungewohnt farbigen, fast grellen Scheine: »Das sind ja Dollars!« Auf dem Nachhauseweg erlebt »Otto Normalverbraucher« das Wunder der Schaufenster, denn wie von Geisterhand kehren die von Händlern gehorteten Waren in die Auslagen zurück. Ludwig Erhard, Direktor der Verwaltung für Wirtschaft in Frankfurt, hat kurzerhand verkündet, daß Zwangsbewirtschaftung und Preisbindung für viele Waren in Kürze fallen werden – ohne die Alliierten vorher zu fragen. Auf den Vorwurf, eigenmächtig alliierte Rechte geändert zu haben, erwidert Erhard: »Ich habe sie nicht abgeändert, ich habe sie aufgehoben.« Ob Ledertaschen oder Bücher, niemand hat je vergessen, was er von seinen ersten »bunten Scheinen« nach diesem Währungssonntag erworben hat.
Erst in der Rückschau werden die Währungsreform und das Schaufensterwunder, zusammen mit der Aufhebung von Bewirtschaftungsmaßnahmen und mit dem Marshall-Plan sowie Ludwig Erhards Einführung der sozialen Marktwirtschaft zu einem Grundstein für das deutsche Wirtschaftswunder der 1950er Jahre.
Ab dem 23. Juni 1948 wird die D-Mark auch in den Westsektoren Berlins eingeführt. Die sowjetische Militäradministration reagiert darauf mit der Blockade West-Berlins und einer eigenen Währungsreform, in deren erster Phase die alten Scheine abgestempelt oder mit Marken überklebt werden.

[Hermann Schäfer]

oben: Blick in eine Hamburger Auszahlungsstelle.
Jeder Bürger erhält ein »Startkapital« von 40 D-Mark.

1948/1949

Berlin-Blockade und Luftbrücke

Am 12. Mai 1949 mußten die Sowjets nachgeben, die Blockade war gescheitert: Erste Wagenkolonnen verkehrten wieder zwischen Berlin und Hannover.

Die Sowjetische Militärverwaltung sieht sich gezwungen, folgende Maßnahmen durchzuführen:
1. Der Passagierverkehr sowohl aus der sowjetischen Besatzungszone Deutschlands heraus als auch zurück wird eingestellt.
2. Die Einreise in die sowjetische Besatzungszone wird für alle Arten des Gespann- und Kraftwagenverkehrs aus den westlichen Zonen einschließlich des Verkehrs auf der Autostraße Helmstedt–Berlin gesperrt. Die Ausreise aus Berlin nach der westlichen Zone auf der Autostraße Berlin–Helmstedt wird auf den gleichen Grundlagen wie bisher erfolgen.
3. Alle Arten des Transports auf den Wasserstraßen, sowohl aus der sowjetischen Zone in die westlichen Zonen als auch umgekehrt, bedürfen einer Genehmigung des Chefs der Transportverwaltung der SMV, der sorgfältigen Kontrolle der beförderten Frachten und der persönlichen Sachen der Schiffsmannschaften.
4. Der Durchlaß von Fußgängern aus den westlichen Zonen in die sowjetische Besatzungszone mit Interzonenpässen der westlichen Zonen über die Kontrollpassierstellen an der Demarkationslinie wird eingestellt. Personen, die sich aus der sowjetischen Zone in die westlichen Besatzungszonen Deutschlands begeben, passieren die Kontrollpassierstellen wie bisher.
5. Der Güterzugverkehr wird ungehindert, aber unter sorgfältiger Kontrolle aller Frachten sowie der Sachen der Zugbegleit- und Schutzmannschaften erfolgen.
6. Alle diese Anordnungen treten am 19. Juni 1948, 0.00 Uhr, in Kraft.

Sowjetische Militärverwaltung, 19. Juni 1948

1948 versuchte die Sowjetunion als Reaktion auf die Währungsreform in den westlichen Besatzungszonen, die Westalliierten durch eine Blockade aus Berlin zu vertreiben. Am 24. Juni sperrte die Sowjetunion die Zufahrtswege. Die Westmächte antworteten darauf mit der Errichtung einer Luftbrücke. Ein Jahr lang wurden die Westsektoren Berlins – 2,2 Millionen Menschen – aus der Luft versorgt. Auf dem Bild ein amerikanisches Flugzeug, von den Berlinern »Rosinenbomber« genannt, im Anflug auf den Flughafen Berlin-Tempelhof.

Am 23. Mai 1949 unterzeichnete der Präsident des Parlamentarischen Rates, Konrad Adenauer (1876–1967), in Bonn das Grundgesetz für die Bundesrepublik Deutschland. Im September wurde Adenauer zum ersten Kanzler der Bundesrepublik Deutschland gewählt.

1949

Die Unterzeichnung des Grundgesetzes
23. Mai 1949

Der Parlamentarische Rat hat am 23. Mai 1949 in Bonn am Rh. in öffentlicher Sitzung festgestellt, daß das am 8. Mai des Jahres 1949 vom Parlamentarischen Rat beschlossene Grundgesetz für die Bundesrepublik Deutschland in der Woche vom 16. bis 22. Mai 1949 durch die Volksvertretungen von mehr als zwei Dritteln der beteiligten deutschen Länder angenommen worden ist.
Auf Grund dieser Feststellung hat der Parlamentarische Rat, vertreten durch seine Präsidenten, das Grundgesetz ausgefertigt und verkündet.
Das Grundgesetz wird hiermit gemäß Artikel 145 Absatz 3 im Bundesgesetzblatt veröffentlicht.

Präambel

Im Bewußtsein seiner Verantwortung vor Gott und den Menschen, von dem Willen beseelt, seine nationale und staatliche Einheit zu wahren und als gleichberechtigtes Glied in einem vereinten Europa dem Frieden der Welt zu dienen, hat das Deutsche Volk in den Ländern Baden, Bayern, Bremen, Hamburg, Hessen, Niedersachsen, Nordrhein-Westfalen, Rheinland-Pfalz, Schleswig-Holstein, Württemberg-Baden und Württemberg-Hohenzollern kraft seiner verfassungsgebenden Gewalt dieses Grundgesetz der Bundesrepublik Deutschland beschlossen. Es hat auch für jene Deutschen gehandelt, denen mitzuwirken versagt war. Das gesamte Deutsche Volk bleibt aufgefordert, in freier Selbstbestimmung die Einheit und Freiheit Deutschlands zu vollenden.

Grundgesetz der Bundesrepublik Deutschland,
23. Mai 1949

1951

Albert Einstein

Natürlich hatte der Photograph, dem Albert Einstein hier die Zunge herausstreckt, vorher freundlich nachgefragt, ob er an diesem 14. März 1951 das offizielle Pressephoto zu Einsteins 72. Geburtstag schießen dürfe. Einstein war einverstanden und hat sich, wie er meinte, für den Anlaß angemessen in Pose geworfen. Das Resultat gefiel ihm sogar so gut, daß er sich einen ganzen Stapel Abzüge vom Photographen schenken ließ, um sie Freunden und Kollegen als Grußpostkarten zu versenden.

Ein anderer Pressevertreter wollte einmal von Einstein eine auch für Laien verständliche Erklärung, was es mit seiner berüchtigten Relativitätstheorie auf sich habe. Einstein brauchte für die Antwort nur drei Sätze: »Früher glaubte man, daß, wenn alle materiellen Objekte aus dem Universum verschwinden würden, Zeit und Raum übrigblieben. Gemäß der Relativitätstheorie verschwinden jedoch auch Zeit und Raum zusammen mit den Objekten. Das ist alles.« Einsteins schelmisches Grinsen aber wird weiterleben, da sind wir relativ sicher, auch wenn Raum, Zeit und Materie längst vergangen sind.

[Ulrich Kühne]

Wohl kaum ein Intellektueller erlangte weltweit eine solche Popularität wie Albert Einstein (1879–1955). Beinahe jedes Kind kennt auch diese Photographie. Einsteins wissenschaftliche, die Physik revolutionierenden Erkenntnisse und sein unermüdliches Engagement für Gerechtigkeit hatten ihn schon in der ersten Hälfte des 20. Jahrhunderts zu einem internationalen Star gemacht.

1951

Bertolt Brecht

Probe für das Brecht-Stück »Mutter Courage und ihre Kinder«, von links: Erich Engel (1891–1966) und Bertolt Brecht (beide Regie), Paul Dessau (1894–1979; Musik) und Helene Weigel (1900–1971) als Mutter Courage.
Nach ihrer Rückkehr aus dem amerikanischen Exil ließen sich Bertolt Brecht (1898–1956) und Helene Weigel in Zürich nieder, gingen 1949 aber nach Berlin. Hier gründeten sie das Berliner Ensemble, das zunächst im Haus des Deutschen Theaters spielte, ab 1954 dann im wieder aufgebauten Theater am Schiffbauerdamm.
Am 11. September 1951 kam es zu einer Neuaufführung der »Mutter Courage«. Sie wurde zu einer legendären Inszenierung des Brecht-Ensembles und machte Helene Weigel weltberühmt.

Photos vermitteln Äußerlichkeiten, selten lassen sie das Wesen des Photographierten durchschimmern. Die Momentaufnahme bleibt stumm. Brechts Züge lassen nicht erkennen, daß dieser Mann etwas wie Charme besaß, Witz, kauzigen Humor; die angespannte, elektrisierende Vitalität kann die Kamera nicht wiedergeben. Und, was immerhin dem Literaturgeschichtler möglich ist, der Charakter entzieht sich der bildlichen Darstellung. Auch Brecht war eine gespaltene Persönlichkeit, er lieferte dem Stalinismus sein Scherflein mit schlechten Gedichten, während er nebenbei anderes und besseres verfaßte.
Eine seiner Keuner-Geschichten scheint mir für seine Haltung bezeichnend zu sein: Als die Macht zu Herrn Keuner kam und von ihm verlangte, er solle ihr dienen, folgte Herr K. der Forderung. Doch als die Macht starb, wusch sich Herr Keuner die Hände (eine unbewußte Anspielung auf Pilatus übrigens) und sagte: Nein.

[Günter Kunert]

1953

Thomas Mann

Thomas Mann muß wohl als der meistphotographierte deutsche Schriftsteller des 20. Jahrhunderts gelten. Von früh an posierte er gern, immer formell gekleidet und zusehends dichterisch-denkerisch fleißig, im Grunde eben ein sehr bürgerlicher Künstler und als solcher unter den Schriftstellern seiner Zeit mit Abstand der erfolgreichste. Mit diesem in der gesellschaftlich und kulturell deutschen Tradition wurzelnden Status war es jedoch 1933 vorbei, als sich Thomas Mann plötzlich ins Exil ausgestoßen fand und er in den USA bald zum prominentesten deutschen Antifaschisten und schließlich auch amerikanischer Staatsbürger wurde. Nach Deutschland dauerhaft zurückzukehren hat er sich nach dem Krieg geweigert, was eine erbitterte öffentliche Kontroverse mit in Deutschland gebliebenen Kollegen aus der sogenannten »inneren Emigration« ausgelöst hat. Als Autor und Sprecher der in der späteren Kriegszeit an deutsche Hörer gerichteten BBC-Sendungen hatte Thomas Mann die Bombardierung deutscher Städte, auch und gerade seiner Lübecker Heimat, als notwendige Replik auf die weichenstellenden Städtezerstörungen der Luftwaffe nachdrücklich gutgeheißen. 1953, bei einer seiner seltenen Stippvisiten in Deutschland, konnte er das Ergebnis der Bombardierung erleben: Im Bild steht er vor seinem Elternhaus, das als Buddenbrookhaus in die Weltliteratur eingegangen ist.

Neben ihm steht seine Gattin Katharina, genannt Katja, geborene Pringsheim. Sie war eine aus wohlhabender und kultivierter jüdischer Akademikerfamilie stammende, dem Anschein nach emanzipierte junge Frau, eine der frühesten Studentinnen der Universität München, Hörerin in Mathematik und Physik (letzteres bei Röntgen). Sie hat dann aber überraschenderweise die Aussichten auf eine glänzende eigene Karriere gegen die traditionelle Gattinnen- und Mutterrolle eingetauscht, indem sie 1905 den jungen Romanschriftsteller heiratete. Dennoch hat sie Karriere gemacht – seine. Denn daß sie Thomas Mann hier zur Seite steht, veranschaulicht gerechterweise ihre Rolle als die Lebensgefährtin, deren Verständnis und Unterstützung seine literarische Leistung, wie er unmißverständlich sagte, erst ermöglicht haben.

[Terence James Reed]

Thomas Mann (1875–1955) mit seiner Frau Katja (1883–1980) im Frühsommer 1953 vor dem im Zweiten Weltkrieg zerstörten Elternhaus der Manns in Lübeck. Das als »Buddenbrookhaus« bekannte Gebäude wurde 1957 wiederaufgebaut.

Unter deutschen Fahnen ziehen am 17. Juni 1953 demonstrierende Arbeiter aus Ost-Berlin durch das Brandenburger Tor nach West-Berlin. Nachdem Bauarbeiter der Stalinallee aus Protest gegen erhöhte Normen die Arbeit niedergelegt hatten, kam es überall in der DDR zu Streiks und Kundgebungen, die mit weitergehenden ökonomischen und politischen Forderungen verbunden waren.

1953

Der Volksaufstand in der DDR
17. Juni 1953

Auf der Fahrt nach Hause bot sich mir ein Bild, wie ich es noch nie gesehen hatte. Überall waren kleinere und größere Trupps von Arbeitern unterwegs, die in Sprechchören zum Generalstreik aufriefen. In der Nähe des Ostbahnhofs und in den Bezirken Friedrichshain und Treptow waren die meisten Parteilosungen von den Wänden gerissen oder Arbeiter gerade damit beschäftigt, sie zu vernichten. In der Stralauer Allee beschriftete eine Gruppe von Jugendlichen die rote Ziegelsteinmauer mit den Losungen »Freiheit« – »Gegen die Normenerhöhung« – »Freie Wahlen«.
Wir gingen von der Seite her an die Fenster heran und schauten auf die Straße. Rechts konnten wir bis zur Friedrichstraße sehen. Gegenüber dem Regierungsgebäude standen Tausende auf den noch nicht abgeräumten Trümmern. Von dort her wurden immer noch Steine geschleudert. Unmittelbar vor dem Haus hatten Volkspolizisten eine dreifache Kette gebildet, um die drängenden Massen von den Toren zurückzuhalten.
Gegen Mittag erreichte der Aufstand seinen Höhepunkt. Die Kampfrufe hatten nur noch politischen Inhalt. Statt »Weg mit den Normen!« hörte man fast nur noch »Weg mit Ulbricht!« Auch der Ruf nach freien Wahlen verstummte nicht mehr, und bald sangen Tausende die dritte Strophe des Deutschlandliedes: »Einigkeit und Recht und Freiheit für das deutsche Vaterland …«
Dann peitschten Maschinengewehrsalven durch die Luft, Panzer kamen die Leipziger Straße herauf mit dröhnenden Motoren, rasselnden Ketten und quietschenden Rädern – doch alles wurde übertönt von den Panikschreien der vielen tausend wehrlosen Menschen, die die stählernen Kolosse vor sich hertrieben.

Fritz Schenk, 1981

Mit Panzern rückten die sowjetischen Besatzer am 17. Juni gegen Demonstranten vor, hier in der Ost-Berliner Leipziger Straße (links die Ruine des Kaufhauses Wertheim am Leipziger Platz).

1954

Das Wunder von Bern

Zehn Minuten nach Spielende, also kurz vor 19 Uhr im Berner Wankdorf-Stadion am 4. Juli 1954. Das Mannschaftsphoto, Momentaufnahme mit einer Sonderheit, die erst beim zweiten Blick erkennen läßt: sie fassen sich während der deutschen Hymne an den Händen, die Weltmeister, wie vor dem Finale in der Kabine. Zeichen des erlebten Zusammenhalts, Demonstration des vielzitierten »Geistes von Spiez« (so benannt nach dem Ort Spiez in der Schweiz, wo die deutsche Mannschaft ihr Quartier bezogen hatte). Sie begreifen langsam, was sie erreicht haben, aber sie ahnen nicht, was sie zu Hause ausgelöst haben. Der 3:2-Triumph über die Top-Favoriten aus Ungarn, die vier Jahre lang in 32 Spielen unbesiegt geblieben waren, löste Freudentaumel aus, Emotionen ohne Ende, entfachte Begeisterungsstürme bei jung und alt, bei Frauen und Männern mit und ohne Beziehung zum Fußball. Das gute alte Radio überbrachte die Botschaft Millionen Menschen daheim. Die faszinierende Reportage von Herbert Zimmermann wirkte wie die Initialzündung für ein neues Selbstbewußtsein im Land, das damals in weiten Teilen noch immer innere und äußere Kriegsspuren aufwies, dessen Menschen von Sorgen geplagt, von Ängsten und Minderwertigkeitskomplexen bedrückt und gezeichnet waren. Sie haben geschafft und geschuftet seit Kriegsende 1945, aber es fehlte ein gemeinsames Erfolgserlebnis, mit dem sie sich identifizieren konnten, auch wenn sie nur indirekt oder passiv beteiligt waren.

Fußball ist an diesem Tag für alle in West und Ost mehr als ein Spiel um den WM-Titel, wirkt wie ein unpolitisches Befreiungssignal mit dem Nachhall-Slogan »Wir sind wieder wer«. Der Triumph von elf Fußballspielern und ihrem Trainer führte schließlich zu der besitzergreifenden Mit-Bestimmung: Wir, wir sind Weltmeister. Im Osten mußte man sich mit der Flüsterfreude, »Die Unseren sind Weltmeister«, die nach der Radioreportage von Haus zu Haus, von Freund zu Freund, von Familie zu Familie lief, bescheiden. Für neunzig Minuten schien das geteilte Land im lauten und leisen Jubel geeint über das »Wunder von Bern«.

[Rudi Michel]

oben: Nach dem Spiel trugen begeisterte Anhänger Kapitän Fritz Walter (links), Trainer Sepp Herberger (rechts) und hinter ihnen den Benjamin Horst Eckel (Mitte) auf den Schultern vom Spielfeld. Im Vordergrund Hans Schäfer, Karl Mai und Helmut Rahn.

Ehrung des Weltmeisters im Berner Wankdorf-Stadion, von links: Sepp Herberger (1897–1977), Fritz Walter (1920–2002), Toni Turek (1919–1984), Horst Eckel (geb. 1932), Helmut Rahn (1929–2003), Ottmar Walter (geb. 1924), Werner Liebrich (1927–1950), Jupp Posipal (1927–1997), Hans Schäfer (geb. 1927), Werner Kohlmeyer (1924–1974), Karl Mai (1928–1993). Nicht im Bild: Max Morlock (1925–1994).

1955

Die letzten Kriegsheimkehrer

Überglücklich begrüßt diese Frau im Lager Friedland ihren Sohn. Bei der Ankunft der letzten Rußlandheimkehrer kam es zu erschütternden Szenen, als die Familien ihre Männer in die Arme schließen konnten. Viele aber hofften auch vergebens auf eine überraschende Rückkehr ihrer vermißten Angehörigen.

Ich bin tief davon überzeugt, daß man zu einer echten Normalisierung nur gelangen kann, wenn man den Ursachen nachgeht, die die gegenwärtige Lage zwischen uns abnorm machen, und wenn man alle Anstrengungen macht, sie zu beseitigen. Lassen Sie mich mit der Frage der Freilassung derjenigen Deutschen beginnen, die sich gegenwärtig noch im Gebiet oder im Einflußbereich der Sowjetunion in Gewahrsam befinden oder sonst an der Ausreise aus diesem Bereich verhindert sind. Ich stelle dieses Problem absichtlich an die Spitze, weil es sich um eine Frage handelt, von der wohl keine einzige deutsche Familie unberührt ist. Ich wünsche von Herzen, daß Sie recht verstehen, in welchem Geiste ich dieses Problem behandeln will. Es geht mir ausschließlich um die menschliche Seite der Sache. Der Gedanke ist unerträglich, daß mehr als zehn Jahre nach Beendigung der Feindseligkeiten Menschen, die auf die eine oder andere Weise in den Strudel der kriegerischen Ereignisse gezogen worden sind, ihren Familien, ihrer Heimat, ihrer normalen friedlichen Arbeit ferngehalten werden. Sie dürfen nichts Provozierendes darin finden, wenn ich sage: Es ist nicht denkbar, »normale« Beziehungen zwischen unseren Staaten herzustellen, solange diese Frage ungelöst bleibt. Es ist die Normalisierung selbst, von der ich dabei spreche. Lassen Sie uns unter eine Angelegenheit, die eine tägliche Quelle der Erinnerung an eine leidvolle und trennende Vergangenheit ist, mit Entschlossenheit einen Strich ziehen.

Konrad Adenauer
(aus der Grundsatzerklärung vom
9. September 1955, Moskau)

Nachdem es auf der im Juli 1955 in Genf stattgefundenen Gipfelkonferenz der Großmächte zu einer Annäherung zwischen der Sowjetunion sowie Frankreich, Großbritannien und den USA gekommen war, fuhr Bundeskanzler Konrad Adenauer im September zu Verhandlungen nach Moskau. Dort erhielt er von der sowjetischen Führung die Zusicherung, daß die letzten noch in der UdSSR inhaftierten Kriegsgefangenen nach Deutschland zurückkehren können. Mehr als zehn Jahre nach dem Ende des Zweiten Weltkriegs trafen in Deutschland dann Anfang Oktober noch etwa 10 000 Spätheimkehrer an den Grenzen ein, bang erwartet von ihren Familien.

Feierstunde im Wolfsburger Volkswagen-Werk: der millionste VW-Käfer läuft vom Band. Vorstandsvorsitzender Heinrich Nordhoff (vor dem Auto mit Blumen in der Hand; 1899–1968) erhält aus diesem Anlaß das Bundesverdienstkreuz mit Stern.

1955

Der millionste VW-Käfer

Wie akkurat die Frisuren damals waren, kaum einer der vielen Männer trägt Bart. Artig wird ein Blumenstrauß überreicht. Der Beschenkte ist Prof. Heinrich Nordhoff, Chef von Volkswagen. Kaum erkennbar in der Masse der Gutfrisierten ein Auto, ein Käfer.
Nicht ein Käfer, der millionste Käfer wird da am 6. August 1955 im Wolfsburger VW-Werk gefeiert. Zu diesem Zeitpunkt ist der Zweite Weltkrieg gerade ein Jahrzehnt zu Ende, seit sechs Jahren existiert die Bundesrepublik. Das Wirtschaftswunder läuft und läuft und läuft. Der Käfer wird zum Wahrzeichen dieses Wirtschaftswunders wie die Zigarre von Bundeswirtschaftsminister Ludwig Erhard. 3 600 Mark kostete der Volksmobilmacher 1955, neun Monatsgehälter eines Facharbeiters.
Adolf Hitler hatte den Befehl zum Bau des Volkswagens gegeben. 1936 präsentierte der geniale Konstrukteur Ferdinand Porsche zwei Prototypen. KdF-Wagen – Kraft durch Freude – sollte er heißen und nicht mehr als 1 000 Reichsmark kosten. Die New York Times verspottete 1938 das Gefährt als »little beetle« (kleiner Käfer). Bis Kriegsbeginn wurden nur 700 Käfer fertig. Dann war Pause mit KdF. Kübelwagen für die Wehrmacht wurden in Wolfsburg produziert.
Nach dem Krieg machte der Käfer mit seinem luftgekühlten Heckmotor nicht nur die Westdeutschen mobil. Der »Beetle« wurde zum Exportschlager und Kultauto. 21 529 464 Käfer krabbelten von den Laufbändern, die letzten 2003 in Mexiko.
Erst 2002 wurde der Weltrekord des Käfers eingestellt, von seinem Nachfolger Golf.

[Helmut Böger]

1957

Ludwig Erhard
Der Vater des »Wirtschaftswunders«

Professor der Nationalökonomie, aber auch mit einer gewissen Erfahrung in der praktischen Betriebswirtschaft, wurde Erhard von den Amerikanern zum Direktor der Verwaltung der Wirtschaft der Bizone ernannt, weil er von dem großen »liberalen« Denker Wilhelm Röpke empfohlen worden war und weil er nicht der NSDAP angehört hatte. Er war immer nur ein großer Wirtschaftsexperte. Die Politik langweilte ihn und er verstand nichts von ihren lächerlichen Machenschaften.
Jeder sah in ihm den Schöpfer des wirtschaftlichen Wiederaufstiegs des Landes, und in der Tat hatte er mit Mut und Ausdauer alle planwirtschaftlichen und dirigistischen Hindernisse, die der Entfaltung der Produktivkräfte im Wege standen, beseitigt.

Joseph Rovan, 1995

Wichtigster Repräsentant des Wirtschaftsaufschwungs war Ludwig Erhard (1897–1977), von 1949 bis 1963 Bundeswirtschaftsminister und die überaus populäre »gepolsterte Verkörperung des Wirtschaftswunders« (Ernst Richert). Die Glücksverheißung seines 1957 erschienenen Buches »Wohlstand für Alle!« ließ sich zwar nicht umsetzen, doch das von ihm vertretene Konzept der sozialen Marktwirtschaft legte die Grundlage für die Balance zwischen Wirtschaftskraft und sozialer Sicherung.

Gustaf Gründgens (1899–1963) als Mephisto im »Faust«. Gründgens inszenierte Goethes Drama 1957 in Hamburg, zwei Jahre nachdem er die Intendanz des Hamburger Schauspielhauses übernommen hatte. Die Aufführung mit Will Quadflieg als Faust wurde zu einer der legendärsten in der Theatergeschichte.

1957

Gustaf Gründgens als Mephisto

Mephisto, die Maske. Der Blick nach oben, als hätte das Luzide Schwingen. Die beiden Balken über den Augen wie Konterwesen in Weiß, betont unentschieden zwischen hoch und quer. Das Schauspiel Gründgens: ein wenig tändelnd, zugleich in Habachtstellung, auf Dauersuche vielleicht nach dem Kontrapunkt. »Ich habe ein Gesicht bekommen, das genügt. Aber ich habe nicht mein Gesicht« wußte er bereits 1932.

Das Prinzip Gründgens, das mit allem spielte, je frecher, um so gebrochener, je offener, um so geheimnisvoller, je aaliger, um so pointierter, je taktierender, um so prinzipieller. Der Reiz – höchste Spieltemperatur. Er wußte sein Publikum in Atem zu halten. »Mephisto ist rot, Hamlet schwarz, Tasso blau, aber das geht alles in Europa nicht.« Gründgens' Farbenlehre souffliert Zeitlosigkeit, und tatsächlich spielt die Maske Mephisto unverändert, beinah vierzig Jahre lang. Durch ihr Weiß schiebt sich das Facettenspiel des Hybriden – hochgradig feinnervig und gefallsüchtig, brillant und entgrenzt, selbstironisch und unbedingt. Ein Snob und Zyniker sagen die einen, ein Riese, ein Unikat die anderen.

Zu Beginn seiner Karriere spielt Gustaf Gründgens Couplets und Kabarett, 1922 zum ersten Mal den Mephisto, später geht er nach Berlin, zu Max Reinhardt ans Deutsche Theater. »Um der Sache willen, der ich diente«, wird er der Theatermann des »Dritten Reiches« – Generalintendant und Preußischer Staatsrat. Zehn Jahre dauert sein riskantes Machtspiel: je unverantwortlicher, um so schützender – gegenüber seinem Ensemble und den Freunden. Nach dem Krieg bleibt er erfolgreich, als Intendant in Düsseldorf und Hamburg, als Regisseur auf Tournee – in Paris, Moskau, New York, Mailand, Florenz. Und sehnt sich als Schauspieler nur noch nach einem: innerer Klarheit. Doch wo immer Gründgens Eindeutigkeit in der Figur will, wird er sentimental. Das Zauberwort Ambivalenz verfängt nicht. Die Bühne der Tiefe ist nicht sein Metier.

»Bescheidung ist des Menschen erste Pflicht« schreibt Gründgens, als er zu spielen beginnt. »Exoten – das ist die Hoffnung« notiert er auf Manila, der letzten Station seines Lebens.

[Ines Geipel]

Die Jugendweihe – der feierliche Übergang vom Kindes- in das Erwachsenenalter – propagierte die DDR seit 1954 als Ersatz für die kirchlichen Rituale der Kommunion oder der Konfirmation. Hier eine Aufnahme aus Beichlingen im Kreis Sömmerda.

1957

Junge Pioniere in der DDR

»Seid bereit!« Kleine Erwachsene mit ernsten Gesichtern in ulkigen kurzen Hosen. Die rechte Hand halten sie flach und mit eng aneindergelegten Fingern wie ein Werkzeug, das nicht zu ihnen gehört, aber sie haben gelernt, es zu benutzen. Wie man den Daumen an die Handkante niederstrekken muß, bevor man zur Bewegung ausholt. Wie der Daumen zur Stütze wird für die aufrechte Hand, die aus der Stellung des freundschaftlich-brüderlichen Händedrucks (was, wenn die Sowjetunion die große Schwester gewesen wäre?) in einem 180 Grad Winkel nach oben schnellt und gestreckt auf dem Scheitel landet. Und so muß es sein: Von den Fingerspitzen bis zum Ellbogen verläuft alles in eine Richtung; vorn und hinten die Zukunft. Die formbar ist. Die beherrscht sein will. »Immer bereit!« Auf daß gespaltet werde, was sich ihr in den Weg stellt: Baumstämme, runde Tische, Särge, ließen die kleinen Erwachsenen jetzt nur ihre aufrechten Hände im selben Winkel glühend begeistert heruntersausen. Was soll's, wenn da manchmal ein Träger, eine Socke rutscht oder eine Hand noch nicht vollständig in Form ausgehärtet ist.

Beim Appell auf dem Schulhof zu Ehren von Rosa Luxemburg. Von Ernst Thälmann. Lenin. Je nachdem, welchen Namen die Polytechnische Oberschule trägt.

Aber so war es nicht. Wir waren vielleicht zu früh erwachsen. Aber begeistert vor allem, weil beim Fahnenappell die erste Stunde ausfiel. Das Glühen erlosch. Als Jungpionier mit blauem Tuch präsentierten wir noch stolz unsere Kostümierung. Wir hatten einen schwierigen Knoten stundenlang vor dem Spiegel geübt. Wir hatten Statuten zu erfüllen, wir standen in der ersten Reihe. Später, als Thälmannpioniere, schien uns das jetzt rote Halstuch bloß eine lästige Übergangszeit zu markieren, auch wenn wir versuchten, es cool zu binden. Wir starrten neidisch in die hinterste Ecke der quadratisch angetretenen Schülerschaft, dahin, wo es den FDJlern mit ihrem tiefem Grunzen und dem lässig über der Brust aufgeknöpften Blauhemd gelang, sogar den Gruß der Freien Deutschen Jugend »Freundschaft« klingen zu lassen wie Rebellion.

Als Pionier rebellierte man nicht. Wie soll das auch gehen: rebellieren in einem blütenweißen, unschuldigen Hemd?

Geblieben von all dem ist mir Rosa Luxemburg. Die Rebellin. Sie verehre ich heute noch.

[Antje Rávic Strubel]

oben: Junge Pioniere hissen ihre Fahne während eines Morgenappells in der »Pionierrepublik Wilhelm Pieck« am Werbellinsee nördlich von Berlin. Das 1952 eröffnete Sommerlager diente neben der Erholung »der Ausbildung von Pionierräten aus 6. und 7. Klassen und der Festigung des Pionieraktivs«.

Samstags gehört Vati mir
1. MAI
DEUTSCHER GEWERKSCHAFTSBUND

1958

Kampagne des DGB für die Fünftagewoche

Als die 45-Stunden-Woche eingeführt worden ist, das war wirklich ein radikaler Bruch. Wir haben vorher sechs Tage in der Woche gearbeitet, 48 Stunden, einschließlich Samstag. Und da man kein eigenes Bad hatte, ist man dann Samstagabend ins Stadtbad gegangen, hat ein Wannenbad gemietet, und am Samstagabend spät fing das Wochenende an; das dauerte nur Sonntag. Als die 45-Stunden-Woche kam, ist die Arbeitszeit verlegt worden auf fünf Tage à neuneinhalb Stunden, und man ging Freitagabend ins Wannenbad und Freitagabend fing das Wochenende an.

Franz Steinkühler, 2005

Mit der an das Familiengefühl appellierenden Kampagne »Samstags gehört Vati mir« gelang dem Deutschen Gewerkschaftsbund 1958 in der Bundesrepublik der Einstieg in die Fünftagewoche.

1959

Das Sandmännchen in Ost und West

Das ostdeutsche Sandmännchen ist eine kleine Puppe mit hölzernem Rundkopf, daran ist ein spitzer Kinnbart, sie trägt weite Joppen, weite Umhänge, eine Mütze mit einer am Hinterkopf aufsteigenden Spitze. Jeden Tag nach dem Werbefernsehen, gegen 19 Uhr, trifft es auf dem Bildschirm ein, abwechselnd vermittels Auto, Motorrad, Triebwagen, Raketenflugzeug, Rollschuhen, Fahrrad, Segelboot. Auch zu Pferde. Das Sandmännchen wird erwartet von ähnlich großen, bartlosen Puppen und muß in ihrer menschenmäßig möblierten Wohnung den Fernsehapparat einschalten, damit ein besonderes Kinderprogramm erscheint. Am Freitagabend kam der Sandmann mit einer IL-18 (vier Motoren, Propellerantrieb) zu einem Wohnheim und zeigte die Geschichte von den beiden jungen Bären, die nicht an den Honig gehen sollen, doch an den Honig gehen und jämmerlich zerstochen werden, woraus für das Kinderpublikum die Vorteile des Gehorsams hervorgingen. Darauf verließ das Sandmännchen die Puppenwohnung, nahm vom Pförtner Tasche und Umhang entgegen, und als das Puppenmädchen, das ihnen nachgegangen war, immer noch nicht weichen wollte, fummelte das Männchen an seinem Sack, und die Puppe rieb sich prompt die Augen, ging torkelnd vor Schläfrigkeit zurück in die Wohnung, ins Bett wie die Kinder sollen, bevor das Abendprogramm beginnt. Dieser Auftritt war eine Art Jubiläum, denn die berühmte Puppe macht das seit fünf Jahren.

Uwe Johnson, 1964

Sandmännchen »West« (links) und Sandmännchen »Ost«, aufgenommen anläßlich einer Ausstellung im Jahr 2000. Getrennt flimmerten seit 1959 West- und Ost-Sandmännchen allabendlich über die Bildschirme – zugleich Symbol für die geteilte Medienlandschaft. Das nutzten dann auch gern linientreue DDR-Lehrer, indem sie verharmlosend die Kinder nach dem Aussehen des Sandmännchens fragten und so schnell wußten, in welchem DDR-Haushalt das feindliche Westfernsehen eingeschaltet war.

1960

Konrad Adenauer und David Ben Gurion

Zwei ältere Männer in einem nobel möblierten Raum. Der Herr links mit dem schlohweißen Haarkranz hat sich weit zu dem aufrecht im Sessel Sitzenden rechts vorgeneigt und redet auf ihn ein. Eine Lampe mit hellem Porzellanfuß taucht die Szene in mildes Licht, an der Wand ein Gobelin. Ganz rechts kauert ein Mann mit Kamera. Dies ist der TV-Reporter Peter von Zahn. Er hielt eine Szene fest, die ein US-Journalist so bewertete: »Spektakulärer ist allenfalls ein Bild von Prinzessin Margaret und (Sowjetherrscher) Chruschtschow vor dem Traualtar«.
An diesem 14. März 1960 wurde in der Präsidenten-Suite im 35. Stock des New Yorker Hotels Waldorf-Astoria Weltgeschichte geschrieben. Erstmals trafen sich Israels Ministerpräsident David Ben Gurion und der deutsche Bundeskanzler Konrad Adenauer.

Fünfzehn Jahre nach dem Ende des »Dritten Reichs«, das etwa sechs Millionen Juden ermorden ließ, erklärte Ben Gurion: »Ich gehöre zu einem Volk, das seine Vergangenheit nicht vergessen kann. Wir erinnern uns aber daran, um eine Wiederholung zu verhindern. Das Deutschland von heute ist nicht das Deutschland von gestern.«
Die arabische Presse kommentierte das dreistündige Treffen zwischen dem israelischen und dem deutschen Regierungschef erbittert und drohte mit diplomatischer Anerkennung der DDR. Fünf Jahre später nahmen die Bundesrepublik und Israel diplomatische Beziehungen auf. Zehn arabische Staaten zogen daraufhin ihre Botschafter aus der damaligen Bundeshauptstadt Bonn ab.

[Helmut Böger]

Gesten der Versöhnung zwischen Deutschland und Israel: Konrad Adenauer, der sich zu einem Staatsbesuch in den USA aufhielt, und David Ben Gurion (1886–1973) bei einer Begegnung auf »neutralem Boden«, im Waldorf-Astoria-Hotel.

1961

Der Eichmann-Prozeß

Das Photo zeigt den Prozeß gegen Adolf Eichmann und damit die Auseinandersetzung mit den noch lebenden Tätern der Shoa, denen die Möglichkeit gegeben wird, sich zu verteidigen. »Die Banalität des Bösen« stellte Hannah Arendt fest und wurde deswegen sehr angegriffen. Die aktive Erinnerungsarbeit beginnt aber in Deutschland erst in den sechziger Jahren mit dem Auschwitz-Prozeß in Frankfurt und wird durch die Studentenbewegung fortgesetzt. Sie hält trotz allem anfänglichen Widerstand von seiten des »Tätervolks« bis heute an und wird zunehmend von den Deutschen selber betrieben und gefördert.

Die Studenten der 68er Generation forderten die überfällige Aufarbeitung der deutschen Schuld, allerdings geschah das mit einer Selbstgerechtigkeit, die nur die Abwehr der Vätergeneration hervorrief und zu gegenseitiger Schuldzuweisung führte. Daran hat sich bis heute wenig geändert. Jetzt sind es die Väter und Großväter, die behaupten, die 68er und die Ankläger im Ausland hätten ihnen verboten, um die schlimmen Verluste menschlicher wie ideeller Natur zu trauern, was bei ihnen zu schweren seelischen Störungen geführt hätte.

Jedoch hat ihnen niemand verboten, um ihre Toten und um die Opfer des Krieges zu trauern. Nur konnten sie es selber nicht, angesichts der Leichenberge, mit denen sie kurz nach Kriegsende konfrontiert wurden.

Das Ausmaß der deutschen Schuld war so ungeheuerlich, daß nur Verdrängen und Vergessen der jüngsten Vergangenheit möglich schien, und damit auch Verdrängen des eigenen Leidens, der eigenen Verluste, die sie erlitten hatten. Trauern war schon während des Krieges nicht möglich, die Ideologie des »Herrenvolkes« erlaubte nur, stolz auf Väter und Söhne zu sein, die für Führer und Volk gefallen waren. Später stand der Trauer im Wege, daß sie immer mit intensiver Erinnerungsarbeit verbunden ist. Diese konfrontierte sie mit dem nicht zu bewältigenden Berg deutscher Schuld, die für viele Deutsche auch darin bestand, die Art des Denkens nicht verhindert zu haben, in deren Folge Vernichtungskrieg und Leichenberge möglich wurden.

Marshall-Plan, kalter Krieg und das Wirtschaftswunder der fünfziger Jahre förderten die Möglichkeit, zu verdrängen und damit auch die Unfähigkeit zu trauern. Heute wird der einstige »Weltfeind« Deutschland als die Nation angesehen, die sich wie keine andere mit ihrer Nazi-Vergangenheit auseinandersetzt. Die schmerzliche Beschäftigung mit dem Holocaust und der fortdauernde Versuch einer Verarbeitung der eigenen Geschichte haben den Blick auf Deutschland nachhaltig verändert. Erinnern und Trauern sind möglich geworden. Wie kann man das verstehen?

Die am Völkermord schuldige oder sich als mitschuldig fühlende Generation lebt zum größten Teil nicht mehr. Die heutige Generation hat zweifellos einen grundsätzlichen Lern- und Denkprozeß durchgemacht und ist in ihrer Mehrheit dazu bereit, die Verantwortung dafür zu übernehmen, daß nie wieder geschieht, was vor 1945 geschehen ist. Gleichzeitig ist ihr diese Zeit sehr fremd, und sie ist begierig danach, zu verstehen, wie ein solches Denken und Handeln der Nazi-Zeit möglich wurde. Mit Eltern und Großeltern konnten sie darüber nur wenig sprechen ... Mit der Verurteilung von Adolf Eichmann am 15. Dezember 1961 wurde einer der größten Schreibtischtäter des Naziregimes für seine Mitwirkung an den unvorstellbaren Greueltaten der NS-Zeit zur Verantwortung gezogen.

[Margarete Mitscherlich]

Am 11. April 1961 begann in Jerusalem das Verfahren gegen Adolf Eichmann (1906–1962). Der ehemalige SS-Obersturmbannführer war verantwortlich für die Endlösung der Judenfrage im NS-Regime und damit für die Ermordung von Millionen Juden. Im Mai 1960 vom israelischen Geheimdienst Mossad aus Argentinien entführt, entpuppte sich Eichmann im Prozeß als krimineller Kleinbürger mit großem Organisationstalent. Im Mai 1962 wurde er des Verbrechens gegen das jüdische Volk und gegen die Menschheit sowie des Kriegsverbrechens schuldig gesprochen. Am 1. Juni 1962 wurde Eichmann hingerichtet.

ACHTUNG!

RIAS

1961–1989

Vom Bau der Mauer bis zum Ende des kalten Krieges

Am Brandenburger Tor versperrte Stacheldraht den Weg zwischen Ost- und West-Berlin. Noch am 15. Juni 1961 hatte Walter Ulbricht auf einer internationalen Pressekonferenz in Ost-Berlin verkündet: »Niemand hat die Absicht, eine Mauer zu errichten!« Wenige Wochen später machte die DDR dicht. Am 13. August 1961 wurden die Verkehrswege nach West-Berlin unterbrochen, mit Maschinengewehren bewaffnete Soldaten der Volksarmee und Mitglieder der Betriebskampfgruppen nahmen an der Grenze Aufstellung. Stacheldrahtrollen wurden verlegt und Straßen aufgerissen.

1961

Der Bau der Berliner Mauer

Berlinerinnen, Berliner! Wieder einmal haben wir die Menschen dieser Stadt zusammengerufen. Das geschieht heute in einer Lage, die ungleich schwerer ist als jemals in den Jahren seit der Blockade. Die Berliner haben ein Recht darauf, zu wissen, wie die Lage tatsächlich ist. Und die Menschen in dieser Stadt sind stark genug für die Wahrheit.
Die Sowjetunion hat ihrem Kettenhund Ulbricht ein Stück Leine gelassen. Sie hat ihm gestattet, seine Truppen einmarschieren zu lassen in den Ostsektor dieser Stadt. Sie, die Sowjetunion, hat ihrem Kettenhund die Vollmacht gegeben, internationales Recht zu brechen. Die Panzer, die in Stellung gebracht wurden, um die Massenflucht aus der Zone zu stoppen, diese Panzer haben unter ihren Ketten den gültigen Viermächte-Status Gesamtberlins zermahlen. Ein Regime des Unrechts hat ein neues Unrecht begangen, das größer ist als alles zuvor!
Wir rufen die Völker der Welt, wir rufen ihre Repräsentanten auf, hierher nach Berlin zu sehen, wo die blutende Wunde eines Volkes verkrustet werden soll durch Stacheldraht und genagelte Stiefel. Hier ist die Wirklichkeit und die akute Brutalität eines Systems zu sehen, das den Menschen das Paradies auf Erden versprochen hat und das die Flucht der Menschen aus jenem Paradies erstickt in einem Massenaufgebot von Truppen. Die Moral der Welt wird so viel wert sein, wie die Moral in Berlin wert ist…

Der Regierende Bürgermeister Willy Brandt
(auf einer Protestkundgebung vor dem
Schöneberger Rathaus am 16. August 1961)

Schon zwei Tage nach dem 13. August 1961 begannen Bauarbeiter unter der Bewachung von Grenzpolizisten mit dem Bau der Mauer, die im Lauf der nächsten Monate und Jahre immer »perfekter« wurde. Mit der Abriegelung unterband die DDR-Führung den in den vorausgegangenen Monaten ständig steigenden Flüchtlingsstrom aus der DDR in den Westen. Durch die Mauer wurden in Berlin viele Familien willkürlich getrennt, erst Weihnachten 1963 wieder durften West-Berliner ihre Ost-Berliner Verwandtschaft besuchen.

In einem Moment, in dem er sich unbeobachtet von seinen Genossen sah, flüchtete dieser Soldat der Nationalen Volksarmee am 15. August 1961 von Ost- nach West-Berlin. Einem Pressephotographen, der auf der Westseite der Bernauer Straße die Absperrarbeiten an der Grenze beobachtete, gelang dieser Schnappschuß – ein Photo, das als ein Symbol der Sehnsucht nach der verwehrten Freiheit in der DDR um die Welt ging.

1961

Der Sprung in die Freiheit

Er steht in der Luft, auf einem Bein. Wie ein Seiltänzer. Doch das Seil ist aus Stacheldraht. Er balanciert nicht darauf, er überspringt es einfach, gegen alle Regeln: Das Denkmal eines tapferen Soldaten – von ihm selbst im Niemandsland zwischen den Fronten errichtet, eine Schwarzweißaufnahme: Für die einen ist er ein Held, für die andern ein Verräter. Aber was er verrät, ist seit dem 13. August kein Geheimnis mehr. Der – wie so viele andere nach ihm – hier den Arbeiter- und Bauernstaat hinter sich läßt, von der Fahne flüchtet, auf die er mal geschworen hat, ist selbst ein Arbeiter, gelernter Maschineneinrichter. Geschossen wurde am 15. August 61, Bernauer/Ecke Ruppiner Straße, nicht – nur dieser berühmte Schnappschuß: »Sprung in die Freiheit«. Angekommen ist der Neunzehnjährige Conrad Schumann dort allerdings nicht. Jahrzehntelang verfolgte ihn die Angst, sie würden ihn eines Tages doch noch kriegen: ihn, den Deserteur, von dem es ja überall dieses historische Fahndungsphoto gab. Ein unscharfes Phantombild doch eher? Das hat ihm nicht geholfen. Seine Flucht aus der DDR endete am 20. Juni 1998, im bayerischen Kipfenberg. Da hatte er sich in seinem Garten erhängt. Solange es aber diese Aufnahme gibt, ist er auf dem Sprung. Und er wird es, gebannt auf das Bild, für den hundertstel Bruchteil einer Sekunde innehaltend, auch bleiben.

[Jens Sparschuh]

Fast genau ein Jahr nach dem Bau der Berliner Mauer, am 17. August 1962, wurde der achtzehnjährige Ost-Berliner Bauarbeiter Peter Fechter (1944–1962) beim Fluchtversuch über die Mauer durch einen Schuß von DDR-Grenzpolizisten schwer verletzt, blieb eine Stunde ohne jede Hilfe und verblutete im Niemandsland zwischen Mauer und Stacheldraht, bevor DDR-Soldaten ihn abtransportierten. Er war der erste von fast 900 Menschen, die beim Versuch, über die Berliner Mauer oder über die Zonengrenze zu fliehen, ums Leben kamen.

1962

Die Sturmflut in Hamburg
16./17. Februar 1962

Am Samstagmorgen, dem 17. Februar, wurde um sieben Minuten nach drei Uhr der höchste Wasserstand von 4,03 Meter über dem Mittleren Hochwasser gemessen. Nach weiteren Deichbrüchen in Cranz, Wilhelmsburg, Stillhorn und Altenwerder hieß es um 4 Uhr bei einem Sechstel des Hamburger Stadtgebietes »Land unter«. Etwa hunderttausend Menschen waren von den Wassermassen eingeschlossen. Sie warteten auf Bäumen, Dächern, Böden und in den oberen Stockwerken der Häuser in Sturm, Regen und Kälte auf Rettung. Für fast dreihundert Menschen kam jede Hilfe zu spät. Sie wurden teilweise noch im Schlaf vom nassen Tod überrascht.
Die Art und Weise, in der Helmut Schmidt in den ersten hundert Stunden nach der Katastrophe – mit jeweils nur wenigen Stunden eigenen Schlafes dazwischen – sich über die Arbeit der Rettungskräfte berichten ließ, weitere Anordnungen traf, mit den Offizieren der Bundeswehr zusammenarbeitete, bot in den folgenden Wochen und Monaten Stoff für viele Berichte und Porträts: »Boxend, drängend, befehlend, barsch oder freundlich, je nachdem, manchmal hemdsärmelig und arrogant, nie bürokratisch« habe er es geschafft, »seine schwer angeschlagene Geburts- und Heimatstadt wieder auf die Beine zu stellen.«

Hartmut Soell, 2003

Gebrochener Deich in Neuenfelde, das zum Hamburger Stadtteil Harburg gehört. An der Organisation der Rettungsarbeiten in dieser Nacht hatte vor allem Helmut Schmidt großen Anteil. Er war damals Innensenator der Hansestadt.

1962

Die *Spiegel*-Affäre

Worum es ging, kann heute kaum noch das Gemüt erregen. Der Zustand der NATO und der Bundeswehr, der Feind von gestern, ein als geheim klassifiziertes Papier, ein Titel im *Spiegel*: »Bedingt abwehrbereit!« Polizeiwagen rollen an und durchsuchen die Räume der Redaktion. Wonach genau, erschloß sich nicht so ganz. Alles Brisante, das man hätte entdecken können, stand ja schon im Magazin. Im Bundestag heftige Debatten, mit pathosschwerer Stimme klagt ein Bundeskanzler an: »Ein Abgrund von Landesverrat, meine Damen und Herren ... «

Das Photo: Rudolf Augstein auf dem Weg in die Untersuchungshaft. Verängstigt sah er eigentlich nicht aus. Als wüßte er schon, daß er am Ende gewinnen wird. Zunächst noch hinter den Kulissen der eigentliche Gegenspieler Franz-Josef Strauß. Jahrzehnte später sollen sich Held und Bösewicht dieser Affäre recht gut verstanden haben. Ein jeder selbstverständlich davon überzeugt, das einzig Rechte getan zu haben. Aber na ja: Respekt vor der Größe des Gegners – einem, mit dem es sich noch lohnte, zu streiten ...

Die »*Spiegel*-Affäre« ist ein Eckpunkt in der Entwicklung unserer Demokratie gewesen. Einer im Meer der jugendlich Aufgeregten war ich. Und es ging uns nicht nur um die Bundeswehr. Wie so oft in der Politik mischten sich die Stimmungen, Ängste und Argumente. In den Jahren davor hatte brave Emsigkeit geherrscht. Die Generation meiner Eltern arbeitete, baute Deutschland wieder auf, bei bestimmten unbehaglichen Fragen hielt sie den Kopf gesenkt. Politik war nun einmal ein Feld, auf dem sie kläglich versagt hatte. In heiklen Fragen traute sie ihrem Urteil nicht mehr. Dazu gehört auch die von der Realität sehr schnell überdeckte Diskussion, ob Deutschland je wieder bewaffnet werden solle.

Es wurde gewählt, doch in seinen Grundzügen blieb alles beim alten: Kanzler war dreizehn Nachkriegsjahre lang Konrad Adenauer. Etwas anderes war einfach nicht vorstellbar. Mit strenger Väterlichkeit hat er den Staat geführt. Noch heute schwebt eine Grundsehnsucht nach einem solchen Fels durch die politische Landschaft. Und plötzlich eine Herausforderung, die kühn, ja geradezu frech die Wirtschaftswunder-Welt ins Wanken brachte. Es kam zur Revolte, vor allem die jüngere Generation erprobte ihre Kräfte.

Für den Journalismus war es das Signal: Schlaf nicht ein vor Respekt und Artigkeit, traue dich! Heute wird manchmal schon zu leichtsinnig mit dem Errungenen umgegangen. Langweilig ziehen die Schwaden der risikolosen Provokationen durch Blätterwald und über Fernsehschirme. Rudolf Augstein und seine Kollegen waren die ersten, die soviel Pressefreiheit wagten. »Sturmgeschütz der Demokratie« hat er sein Nachrichten-magazin genannt. So richtig korrekt klingt dieser Ausdruck ja nicht. Aber dann: Wer weiß denn noch, was ein Sturmgeschütz ist ...

[Wolf von Lojewski]

Unter dem Vorwurf des Landesverrats und der aktiven Bestechung wurden am 26. Oktober 1962 die Redaktionsräume des *Spiegels* in Hamburg durchsucht und der Herausgeber Rudolf Augstein (1923–2002) sowie mehrere leitende Redakteure verhaftet. Das Verfahren wurde jedoch mangels hinreichenden Tatverdachts nie eröffnet.

1963

Der Elysée-Vertrag
22. Januar 1963

Dann kam General de Gaulle wieder an die Macht, von der er 1946 zurückgetreten war. In Bonn war man voller Befürchtungen. Hatte er nicht alles kritisiert und bekämpft, was seit 1948 für Westdeutschland beschlossen war? Vor allem aber lud General de Gaulle, noch Ministerpräsident der IV. Republik, den bundesdeutschen Kanzler in sein Haus im Lothringer Colombey-les-deux-Églises ein. Am 14. September, zwei Wochen vor dem verfassungsratifizierenden Referendum, unterhielten sich die beiden Staatsmänner ausführlich. Es entstand so etwas wie Liebe auf den ersten Blick. Adenauer verließ Colombey voller Bewunderung für den großen Mann, und für diesen war es sehr befriedigend, von einem Mann von der Statur Konrad Adenauers bewundert zu werden.
Der Elysée-Vertrag hatte einen Inhalt und eine Bedeutung, die über den Wortlaut hinausging. Es wurde vereinbart, sich oft zu treffen: Kanzler und Präsident mindestens zweimal im Jahr, Minister und hohe Beamten noch öfter. Diese regelmäßigen Begegnungen haben dann auch tatsächlich stattgefunden, was mindestens zwei Vorteile hatte. Manche Mißverständnisse konnten durch den direkten Kontakt ausgeräumt werden, und die Verwaltungsspitzen beider Länder gewöhnten sich an kollegiale Zusammenarbeit, ohne den umständlichen traditionellen Weg über die immer mehr entmachteten Botschaften und Außenministerien.

Alfred Grosser, 2005

Bundeskanzler Konrad Adenauer und der französische Staatspräsident Charles de Gaulle (1890–1970) nach der Unterzeichnung des Vertrages über die deutsch-französische Zusammenarbeit am 22. Januar 1963 im Pariser Élysée-Palast. Der Vertrag sah nicht nur politische Konsultationen beider Regierungen und verstärkte Kooperation in der Außen- und Verteidigungspolitik vor, sondern auch Zusammenarbeit in Erziehungs- und Jugendfragen. Der Pariser Vertrag gilt als Herzstück der Versöhnung Frankreichs und Deutschlands, die sich einst als »Erzfeinde« gegenüberstaden.

Der junge und charismatische US-Präsident John F. Kennedy (1917–1963) begeisterte die Deutschen bei seinem Staatsbesuch in der Bundesrepublik. Vor dem Rathaus Schöneberg in Berlin bekräftigte er das amerikanische Engagement in Berlin. Rechts der Regierende Bürgermeister Willy Brandt (1913–1992).

1963

John F. Kennedy in Berlin
26. Juni 1963

Vor zweitausend Jahren war der stolzeste Satz, den ein Mensch sagen konnte, der: »Ich bin ein Bürger Roms!« Heute ist der stolzeste Satz, den jemand in der freien Welt sagen kann: »Ich bin ein Berliner!«
Die Mauer ist die abscheulichste und die stärkste Demonstration für das Versagen des kommunistischen Systems. Die ganze Welt sieht dieses Eingeständnis des Versagens. Wir sind darüber keineswegs glücklich, denn, wie Ihr Regierender Bürgermeister gesagt hat, die Mauer schlägt nicht nur der Geschichte ins Gesicht, sie schlägt der Menschlichkeit ins Gesicht. Durch die Mauer werden Familien getrennt, der Mann von der Frau, der Bruder von der Schwester, Menschen werden mit Gewalt auseinandergehalten, die zusammenleben wollen.
Aber wenn der Tag gekommen sein wird, an dem alle die Freiheit haben und Ihre Stadt und Ihr Land wiedervereint sind, wenn Europa geeint ist und Bestandteil eines friedvollen und zu höchsten Hoffnungen berechtigten Erdteils, dann können Sie mit Befriedigung von sich sagen, daß die Berliner und diese Stadt Berlin zwanzig Jahre lang die Front gehalten haben. Alle freien Menschen, wo immer sie leben mögen, sind Bürger dieser Stadt Westberlin, und deshalb bin ich als freier Mann stolz darauf sagen zu können: Ich bin ein Berliner!

John F. Kennedy
(vor dem Schöneberger Rathaus)

Auf dem Platz vor dem Schöneberger Rathaus jubelten Hunderttausende Berliner John F. Kennedy zu, als er der Menge seinen legendären Satz »Ich bin ein Berliner!« zurief.

Ein glücklicher Moment – diese Frau hat Kontakt zu ihrem eingeschlossenen Mann.

1963

Das Wunder von Lengede
24. Oktober 1963

Die Welt hielt den Atem an, und ich auch. Sehr genau erinnere ich mich an diesen 24. Oktober 1963, fast einen Monat vor dem tödlichen Attentat auf John F. Kennedy. Ich sehe noch meinen Vater vor mir, wie er tiefbetrübt nach Hause kam. Er berichtete uns Kindern und meiner Mutter von dem tragischen Grubenunglück in Lengede. Durch einen Wassereinbruch waren viele Bergleute in einem Stollen fast 100 Meter unter der Erdoberfläche eingeschlossen – eine halbe Million Kubikmeter Schlammwasser war in die Grube eingedrungen. 80 Bergleute konnten sich retten, für 50 schien es keine Hoffnung mehr zu geben. Tagelang hörten wir ständig und völlig aufgelöst Nachrichten im Radio oder sahen abends dramatische Szenen in der Tagesschau. Waren tief bekümmert über das Drama, das sich in den Familien abspielte. In einer der größten und spektakulärsten Rettungsaktionen in der Geschichte des Bergbaus wurde fieberhaft nach Überlebenden gesucht. Wir drückten die Daumen – wie viele andere Menschen weltweit. Und litten mit! Sahen Ehefrauen und Freundinnen auf der Erde liegen. Nach Lebenszeichen horchend, klopfend, weinend und schreiend. Auch Kinder, die herzerschütternd nach ihren Vätern riefen, Eltern nach ihren Söhnen! Man gab den Eingeschlossenen keine Chance. Die Tage vergingen, die Dramatik nahm zu, unendliche Traurigkeit machte sich breit. Doch mein Vater sprach uns Mut zu. Heute verstehe ich! Schon damals war ich beeindruckt von der großen Solidarität unter Bergleuten. Mein Vater war Bergbauingenieur. Er hatte seinen Vater, meinen Großvater, als kleines Kind bei einem Grubenunglück verloren, nachdem dieser versucht hatte, mehrere verschüttete Bergleute zu retten. Dabei hatte er sich als 36jähriger selbst aufgeopfert. »Kinder, nicht verzagen! Ärmel hoch und ran!« ist das Motto, das mich bis heute geprägt hat. Und in der Tat habe ich dies gerade durch das »Wunder von Lengede« gelernt.

Denn am 14. Tag nach dem Unglück konnten schließlich in 58 Meter Tiefe nach vielen erfolglosen Bohrungen noch elf Bergleute aus dem dunklen Grab befreit werden, in dem sie 336 Stunden eingeschlossen waren. Ihre Retter kamen in einem für Menschengedenken unglaublichen Moment mit einer noch unglaublicheren Rettungskapsel, die noch heute im Bergbaumuseum in Bochum zu bewundern ist. Dabei hatte man sieben Tage vorher nach der ungewöhnlichen Rettung von drei anderen Bergleuten in einem Nachbarort schon mit der Suche aufhören wollen. Doch ein Hauer überzeugte alle Kumpel und sonstige Beteiligte, trotzdem weiterzumachen und die bereits abtransportierten Bergungsgeräte zurückzuholen, nachdem einige Frauen Klopfzeichen gehört haben wollten. Und sie behielten recht. Solidarität, Mut und Leidenschaft machten eben Nichtdenkbares möglich.

[Dietrich Grönemeyer]

1967

Studentischer Protest in Hamburg
9. November 1967

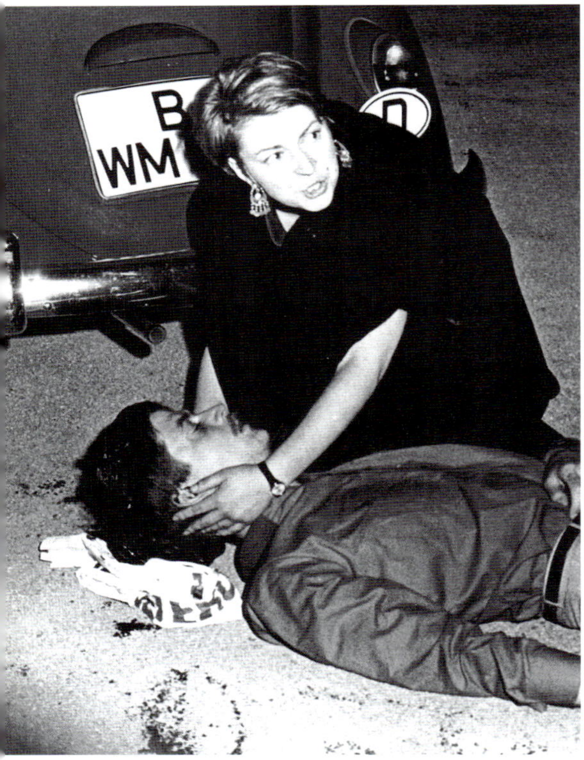

Als der persische Schah bei seinem Besuch in Berlin in der Oper Mozarts »Zauberflöte« hörte, tobte draußen eine Straßenschlacht: Studenten protestierten gegen das Gewaltregime des Schahs. Gegen die Demonstranten trat die Polizei mit einem ungewöhnlich großem Aufgebot an. Dabei wurde der Student Benno Ohnesorg versehentlich – wie es offiziell hieß – von der Kugel eines Polizisten im Hinterkopf getroffen. Eine Frau bemühte sich um ihn, doch kam jede Hilfe zu spät. Der 2. Juni 1967, an dem Benno Ohnesorg starb, markierte einen Einschnitt in der studentischen Protestbewegung; sein Tod wirkte wie eine Initialzündung für eine Politisierung und Radikalisierung.

Tatsache, so müssen Professoren einmal ausgesehen haben. Und so sittsam, hochgeknöpft und schlipstragend die wohlanständigen Protestierer. Wie lange ist das her?
Merkwürdig, in England gibt es solche Talare und solche Staffage für Professoren bis heute. Man nennt das dort Tradition und ist stolz darauf. Der Protest in Hamburg im Jahre 1967 mit diesem legendären Bild nahm seine Energie aus anderem Stoff als aus dem von Talaren. Es war der Vietnamkrieg, es war die Auseinandersetzung mit der Adenauer-Ära, es war der Versuch, die Stummheit über die NS-Verbrechen endlich aufzubrechen.
Die Universität war vielleicht nur eine Ersatzadresse: nicht so nah wie die eigenen Eltern, nicht so fern wie die große Politik in Washington.
Noch immer will es mir erscheinen, als sei die damalige Universität mit ihren damaligen Professoren die falsche Adresse für diesen Protest gewesen. Die meisten Professoren, die ich erlebte, waren liberal, aufgeschlossen, neugierig auf eine junge Generation, dabei hoch gebildet. Das Studium war weitgehend frei, mit humanistischer Grundbildung, guten Sprachkenntnissen, ambitioniert. Die Massen-Universität war noch nicht erfunden, neugierige Studenten wechselten mit Leichtigkeit den Studienort, irgend einem Mythos eines bedeutenden Professors folgend oder auch ihrer Lust auf neue Abenteuer.
Was man der damaligen Universität am meisten vorwerfen muß, ist die Leichtigkeit, mit der sie sich den Studentenprotesten und manchen ihrer Forderungen und Sitten ausgeliefert hat. Die Frage, warum sie, was gut und erhaltenswert war, so wenig verteidigt hat, gibt bis heute zu denken.

[Antje Vollmer]

Anläßlich der feierlichen Einführung eines neuen Rektors an der Universität Hamburg am 9. November 1967 enthüllten Studenten dieses Transparent. Lautstark forderten sie in Sprechchören die Beschleunigung einer Hochschulreform. Der Spruch wurde bald zu einem der populärsten in der Studentenbewegung.

1968

Demonstration gegen den Vietnamkrieg

Demonstration auf dem Berliner Kurfürstendamm am 18. Februar 1968 gegen den Krieg in Vietnam. Bis zum Morgen hatte im Auditorium maximum der Technischen Universität Berlin die vom Sozialistischen Studentenbund (SDS) organisierte »Internationale Vietnamkonferenz« getagt. Dort wurde gefordert, »vom bloßen Protest gegen den Völkermord und den imperialistischen Krieg«, wie ihn die USA in Vietnam führten, »zum Widerstand überzugehen«.

»Ihr müßt den Typen nur ins Gesicht sehen«, sagte 1968 der Bürgermeister von Berlin, durch dessen Straßen die jungen Leute zogen. Sehr junge Leute, um die zwanzig Jahre alt, fast alle erst nach dem Krieg geboren.

Ja, warum hat damals das Bürgertum seinen Kindern nicht wirklich ins Gesicht gesehen – freundlich, aufmerksam, nachsichtig?

Warum lag es wütend in den Fenstern, warum stand es tobend am Straßenrand und schrie: »Euch müßte man vergasen!«

Was war geschehen in den zwanzig Jahren zuvor? Welche Fragen waren nicht beantwortet worden, welche Diskussionen vermieden, welche Neugier nicht gestillt?

Wer hatte etwas vergessen und warum?

[Klaus Wagenbach]

1968

Rudi Dutschke

Als notorischer Revolutionär errang Rudi Dutschke im Jahr 1968 für kurze Zeit internationalen Ruhm. Der deutsch-deutsche Kopf der Außerparlamentarischen Opposition predigte Marx, Mao und Marcuse, die er schwarz auf weiß gedruckt gern unter dem Arm trug. Dutschke war ein emphatischer und immer wieder sympathischer Demagoge. Er beherrschte kurzzeitig den öffentlichen Diskurs über die Befreiungskämpfe der Dritten Welt, den Vietnamkrieg und die Vergesellschaftung der Produktionsmittel zur Erzeugung einer neuen, besseren Welt. Seine Altersgenossen rief er auf, »im langen Marsch durch die Institutionen« den Sieg über das Kapital zu erringen. Er trug zur Radikalisierung in der studentischen Politkultur bei und wurde am 11. April 1968 selber Opfer eines Gewaltaktes. Er überlebte drei Schüsse auf seinen Kopf schwer verletzt. Seine Karriere, die zweifelsfrei noch vor ihm gelegen hätte, war beendet. Dutschke promovierte später über Lenin und starb am 24. Dezember 1979 vermutlich an den Spätfolgen des Attentats.

[Bettina Röhl]

Rudi Dutschke (1940–1979), führender Kopf der Studentenbewegung und der Außerparlamentarischen Opposition (APO). Am 11. April 1968 wurde auf ihn am Kurfürstendamm in West-Berlin ein Attentat verübt, bei dem er sich schwere Verletzungen zuzog. Noch am Abend kam es in mehreren Städten der Bundesrepublik zu den bis dahin größten Demonstrationen. In Berlin wandte sich der Protest der Studenten gegen die Springer-Presse, der sie vorwarfen, die Stimmung gegen Dutschke aufgeheizt zu haben. Vor dem Axel-Springer-Hochhaus kam es zu regelrechten Straßenschlachten.

1970

Willy Brandts Kniefall in Warschau
7. Dezember 1970

Im Dezember 1970 ging durch die Weltpresse ein ungewöhnliches Bild – das Bild des vor dem Denkmal des Warschauer Gettos knienden Willy Brandt. Damals wußte ich, daß ich ihm bis zum Ende meines Lebens dankbar sein werde.
Zum ersten Mal nach dem Warschauer Kniefall traf ich Willy Brandt Ende Januar 1990 in Nürnberg: Er war, schon von schwerer Krankheit gezeichnet, gekommen, um den neunzigjährigen Hermann Kesten, den Schriftsteller, den Juden und Emigranten, zu ehren. Ich habe versucht, Willy Brandt mit einigen unbeholfenen Worten zu danken. Er fragte mich, wo ich überlebt hätte. Ich erzählte ihm so knapp wie möglich, daß wir, Tosia und ich, im September 1942 von deutschen Soldaten zusammen mit Tausenden anderer Juden auf ebenjenen Warschauer Platz geführt worden waren, auf dem heute das Getto-Denkmal steht. Dort hätte ich zum letzten Mal meinen Vater und meine Mutter gesehen, bevor sie zu den Zügen nach Treblinka getrieben wurden.
Als ich mit meinem kurzen Bericht fertig war, hatte jemand Tränen in den Augen. Willy Brandt oder ich? Ich weiß es nicht mehr. Aber ich weiß sehr wohl, was ich mir dachte, als ich 1970 das Photo des knienden deutschen Bundeskanzlers sah: da dachte ich mir, daß meine Entscheidung, 1958 nach Deutschland zurückzukehren und mich in der Bundesrepublik niederzulassen, doch nicht falsch, doch richtig war.

Marcel Reich-Ranicki, 1999

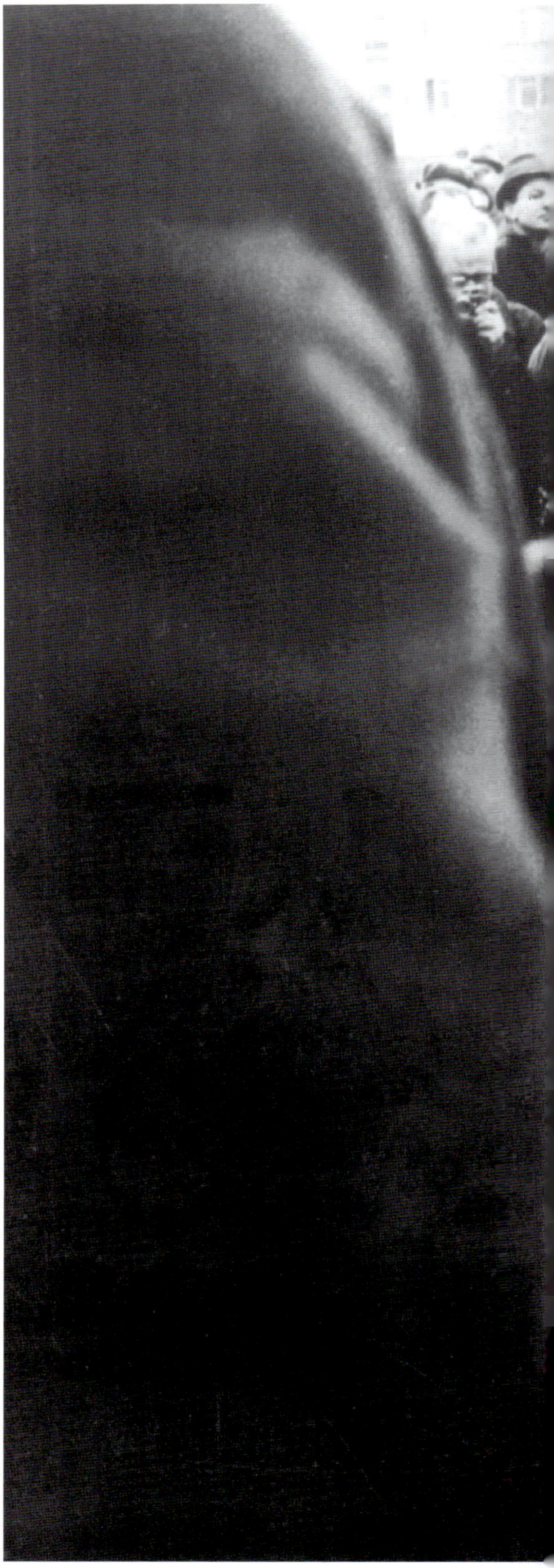

7. Dezember 1970, Bundeskanzler Willy Brandt (1913–1992) kniet vor dem Mahnmal im einstigen jüdischen Getto in Warschau. Es war eine Geste, durch die er Vertrauen in dem Land gewann, in dem die Deutschen während des Zweiten Weltkriegs sechs Millionen Einwohner, über die Hälfte davon Juden, ermordet hatten. Am selben Tag, der als Wendepunkt im deutsch-polnischen Verhältnis gilt, unterzeichnete Brandt den Warschauer Vertrag, in dem die Bundesrepublik die Oder-Neiße-Linie als Westgrenze Polens anerkannte.

oben: Feierliche Unterzeichnung des Moskauer Vertrags im Katharinensaal des Kreml, sitzend von links: Bundesaußenminister Walter Scheel (geb. 1919), Bundeskanzler Willy Brandt, der Vorsitzende des Ministerrats der UdSSR, Alexej Kossygin (1904–1980) und der Außenminister der UdSSR, Andrej Gromyko (1909–1989).

rechts: Fortsetzung der Ostpolitik: Konsultationen zwischen dem Generalsekretär der KPdSU, Leonid Breschnew (links; 1906–1982), und Willy Brandt (Mitte) in Bonn 1973

1970

Die Unterzeichnung des Moskauer Vertrags
12. August 1970

Am Abend vor dem Tag, an dem dieses Photo entstand, war ich zu Hause bei einem sowjetischen Gesprächspartner zu Blinis und Kaviar eingeladen. Er sprach fast genau meine Empfindungen oder Hoffnungen oder Träume aus, als er sagte: »Ich weiß zwar nicht, ob und wann es zur deutschen Einheit kommen wird, aber wenn, dann werden Sie morgen den Grundstein dazu gelegt haben.«
Bestimmt hat der Generalsekretär Leonid Breschnew, neben dem ich während der Zeremonie stand, nichts dergleichen gedacht. Er mag Genugtuung verspürt haben, daß er zum ersten Mal seine außenpolitische Eigenständigkeit gegen die Bedenken seines Außenministers Andrej Gromyko durchgesetzt hatte. Der blickt sehr verschlossen und weiß wahrscheinlich noch nicht, daß sein letztlicher Gehorsam mit seiner Beförderung ins Politbüro belohnt werden wird. Außer dem lachenden Botschafter Zarapkin, den wir sonst intern als Nußknacker bezeichneten (auf dem Photo vor dem Fenster über Willy Brandt) zeigen alle ernste Gesichter, ohne die gelockerte Fröhlichkeit, die sonst bei Vertragsunterschriften oder wenn das Werk endlich abgeschlossen ist, üblich ist. Niemand kann in die Zukunft blicken. Auf den Mut der neuen Bundesregierung, gedeckt durch den Westen, ihre Handlungsmöglichkeiten bis an den Rand ihrer begrenzten Souveränität auszunutzen, hatte die Kreml-Spitze positiv reagiert. Aber das neue Blatt in der Geschichte zwischen Deutschen und Russen war noch leer.
Welche Rolle der garantierte Gewaltverzicht für die bestehenden Grenzen in Europa spielen würde, die nur noch im gegenseitigen Einvernehmen geändert werden sollten, war nicht abzuschätzen. Daß Bonn mit Moskau über Grenzen, die gar nicht ihre eigenen waren, Verpflichtungen einging und Absprachen traf, war eigentlich sensationell. Alle vier Mächte mit ihren unkündbaren Siegerrechten über Deutschland als Ganzes teilten unausgesprochen die Hoffnung, die Deutschen würden sich mit der Teilung abfinden.
In Wirklichkeit wurden durch die Zeremonie im Katharinensaal die Weichen für den Warschauer Vertrag wenige Monate später, für das Modell Vier plus Zwei des Vier-Mächte-Abkommens für Berlin und den Transitverkehr sowie den Grundlagenvertrag zwischen beiden deutschen Staaten gestellt, der bis zur Einheit halten sollte und hielt. Da schrieb man das Jahr 1990. Begonnen hat diese Entwicklung am 12. August 1970. Der spätere sowjetische Botschafter Valentin Falin formulierte: Ohne die Entspannungspolitik der sozialliberalen Koalition wäre Gorbatschow nicht Nummer eins im Kreml geworden. Und ohne Gorbatschow wäre es auch nicht gegangen.

[Egon Bahr]

1972

Das Attentat während der Olympischen Spiele
5. September 1972

Tauben flogen auf, Münchner Kinder tanzten zu Orffscher Musik. Ich, zehn Jahre alt, saß vorm Fernseher. Die Sonne schien wie bestellt, das Zeltdach funkelte, endlich waren sie da: die olympischen Spiele. Lange erwartet – mit Stöhnen, wenn man wieder des U-Bahnbaus wegen im Stau stand, und doch mit Stolz. Eine bunte Stadt, Spiele und Heiterkeit. Selbst die Schulferien waren länger als sonst.
Am Morgen des 5. September verschwand diese Welt, mit einem Schlag. Schweigend saßen die Eltern vorm Radio. Am Nachmittag die Stadt in schwarz, Fahnen auf Halbmast. Ich verstand nicht wirklich, was geschehen war, nahm aber die Gefühle um mich auf. Geschichte? Damals zum ersten Mal von ihr berührt? Noch heute kann ich die Kluft, den Sturz, das ungläubige Erschrecken fühlen, die zwischen den beiden Fotos liegen. Nur der Himmel schien unverändert blau. Wie eine Lüge schien er mir.
Willy Daume, Präsident des NOC Deutschland, resümierte: »In einigen Monaten, in ein paar Jahren, ja vielleicht erst in Jahrzehnten wird man sagen, daß München ein zeitgeschichtliches Ereignis war, das mit seiner ganzen Tragik, seiner Wirrnis und der Unreife die Probleme deutlich gemacht hat, mit denen wir in dieser Welt von heute leben müssen«. Er konnte nicht ahnen, was wir heute nur zu genau wissen: ein globalisierter, an maximaler Medienwirksamkeit ausgerichteter Terrorismus hatte begonnen.
Bilder sind mächtig. Wir sind darauf angewiesen, sie genau anzusehen, um nicht zu vergessen, was sie nicht zeigen: daß hinter der Maske im Balkon ein junger Mann atmete. Auch wenn wir möglicherweise gerade dies am wenigsten verstehen.

[Ulrike Draesner]

Am 5. September 1972 drangen Terroristen der palästinensischen Guerillaorganisation »Schwarzer September« in das olympische Dorf ein, ermordeten zwei israelische Sportler und brachten neun weitere in ihre Gewalt. Sie forderten die Freilassung von zweihundert in Israel inhaftierten Palästinensern und freien Abzug mit allen Geiseln. Das Photo zeigt, wie ein Terrorist die Vorbereitungen für die Abfahrt zum Flughafen beobachtet. Der Befreiungsversuch durch deutsche Sicherheitskräfte auf dem Militärflughafen Fürstenfeldbruck mißlang und endete in einem Blutbad.

»Heitere Spiele« sollten die XX. Olympischen Sommerspiele in Deutschland werden. Bei strahlendem Wetter eröffnete am 26. August 1972 Bundespräsident Gustav Heinemann vor 80 000 Zuschauern im architektonisch imponierenden neuen Olympiastadion in München das Sportfestival, an dem rund 8 000 Athleten aus 121 Ländern der Erde teilnahmen.

1973

Das Sonntagsfahrverbot
2. Dezember 1973

Gewiß werden sich kommende Generationen darüber wundern, wie unendlich viel unserer Zeit das Automobil bedeuten konnte. Einen Vorgeschmack dieses fernen Staunens genießt schon jetzt, wer mit Muße auf jenen ersten autofreien Sonntag zurückblickt, der den Bundesdeutschen am 25. November 1973 verordnet wurde.

Ein quicklebendiges Symbol wurde da von Vater Staat für einen langen Tag an die kurze Leine gelegt. Unbewegt stand in den Garagen und an den Bordsteinen, was zwei Jahrzehnte lang die Energie des allgemeinen Aufschwungs und den Stolz der individuellen Mobilität verkörpert hatte.

Das Kollektiv erschrak, und manch einzelner ereiferte sich. Aber fast zeitgleich mit der Empörung über die scheinbar unzumutbare Einschränkung lag auch schon die Freude der Entlastung in der Luft. Die Deutschen, die durch den Zweiten Weltkrieg so viel an materiellen und ideellen Gütern eingebüßt hatten, die es seitdem gewohnt waren, ihre ganze Phantasie auf Schaffen und Erwerb zu richten, begriffen für einen zauberhaften Sonntag, daß sich ein verordneter Verzicht, daß sich auch ein genau bemessener Verlust als Chance, als kleine Glücksgelegenheit nutzen ließ: Was man plötzlich alles ohne Auto machen konnte!

Vielleicht war jener erste autofreie Sonntag einer der wenigen Tage, an denen die spröde alte Bundesrepublik und ihre nüchternen Bürger für ein paar liebenswert verspielte Stunden zu sich fanden.

[Georg Klein]

Eine leere Autobahn in Deutschland. Nachdem der Ölboykott der arabischen Staaten in den westlichen Industrienationen eine anhaltende Energiekrise ausgelöst hatte, wurde in der Bundesrepublik am 25. November 1973 zum ersten Mal ein sonntägliches Fahrverbot verhängt. Weitere autofreie Sonntage folgten am 2. und 9. Dezember.

Mit einem 2:1-Sieg im Finale gegen die Niederlande wird am 7. Juli 1974, zwanzig Jahre nach dem »Wunder von Bern«, die Mannschaft der Bundesrepublik zum zweiten Mal Fußballweltmeister. Begeistert nehmen die Mitglieder der Nationalelf den Weltmeisterpokal im Münchner Olympiastadion in Empfang. Glücklich präsentiert Mannschaftskapitän Franz Beckenbauer (geb. 1945) den WM-Pokal, neben ihm Torwart Sepp Maier (geb. 1944), Paul Breitner (geb. 1951).

1974

Deutschland zum zweiten Mal Fußballweltmeister

Beim WM-Sieg der deutschen Mannschaft 1974 war Franz Beckenbauer zwar schon ein Spieler in bevorzugter Position, der Kopf, der Chef, der Kapitän seines Teams. Ein Mannschaftskapitän darf als erster einen eroberten Pokal berühren, er darf ihn dem Publikum zeigen, aber dann gibt er ihn an die anderen Fußballer weiter – ein Symbol dafür, daß eine Fußballmannschaft zu einem Ganzen erst wird durch das Zusammenspiel aller Kräfte.

Als Teamchef, sechzehn Jahre später, war Franz Beckenbauer auf einer höheren Stufe angelangt. Seine Mannschaft hatte im Finale von Rom die Weltmeisterschaft 1:0 gegen Argentinien gewonnen, die Fußballer reichten den Pokal von Hand zu Hand, aber im Mittelpunkt stand Beckenbauer, obwohl er sich aus dem Getümmel zurückgezogen hatte. Allein schritt er über den gekämmten Rasen des Olympiastadions in Rom und versuchte, das Vorangegangene zu verarbeiten. Als Spieler wie als Teamchef die Weltmeisterschaft zu erringen, das war vor ihm nur dem Brasilianer Mario Mario Zagallo gelungen. Ein Ritterschlag; der Augenblick, an dem er in die Geschichte einging, wenigstens in die des Fußballs. Während Franz Beckenbauer, ganz in sich versunken, über den Platz schwebte, folgte ihm eine Fernsehkamera und bildete ihn so ab, wie er seitdem von vielen gesehen wird. Ein Mann, vom Flutlicht als Lichtgestalt ausgeleuchtet. Eine Ikone, über der nichts mehr kommt, nur noch der Himmel.

[Holger Gertz]

8. Juli 1990, nach einem 1:0-Sieg über Argentinien ist Deutschland zum dritten Mal Weltmeister. Der Jubel in Roms Stadio Olimpico ist grenzenlos, Deutschlands überglückliche Nationalelf wird gefeiert. Abseits von all dem Trubel, im Halbdunkel des Stadions, läuft Teamchef Franz Beckenbauer in sich gekehrt über den Rasen. Ein Moment der Besinnung. Ein Bild, das den »Kaiser« endgültig in den Fußball-Olymp erhob.

Helmut Schmidt (geb. 1918) und Erich Honecker (1912–1994) während der Schlußsitzung der Konferenz über Sicherheit und Zusammenarbeit in Europa (KSZE), die vom 30. Juli bis 1. August in Helsinki stattfand. Der zwischen 1973 und 1975 von 33 europäischen Staaten sowie Kanada und den USA in Gang gebrachte Prozeß der Verständigung auf dem Weg zu einer dauerhaften Aussöhnung und zur Errichtung eines Systems kollektiver Sicherheit fand seinen feierlichen Abschluß mit der Unterzeichnung der »Schlußakte von Helsinki« am 1. August. Helmut Schmidt und Erich Honecker sitzen hier in Helsinki zwar in einer Reihe – eine Überwindung des Abstands zwischen der Bundesrepublik und der DDR aber war noch lange nicht in Sicht.

1975

Die europäische Sicherheitskonferenz von Helsinki

Auch wenn die ganze Schlußakte von Helsinki nur Absichtserklärungen enthielt, die nicht völkerrechtlich einklagbar waren, so war es schließlich doch der Korb 3 [mit dem »Korb 3« wurde ein europaweiter Standard für die Rechte von Menschen und Minderheiten gesetzt], der den Grundstein für die Freiheitsbewegungen im Bereich des Warschauer Paktes legte. Keine Solidarność in Polen, keine Charta 77 in Prag und keine Dissidentengruppe in der DDR hätte sich ohne die Bestimmungen von Helsinki über Meinungsfreiheit, Informationsaustausch und Reiseerleichterungen so entfalten können, wie es später geschah. Der Prozeß der inneren Aufweichung nahm nun seinen allmählichen Lauf.

Richard von Weizsäcker, 1997

Am 11. Dezember 1981 reiste Bundeskanzler Helmut Schmidt zu Gesprächen mit Partei- und Regierungschef Erich Honecker für drei Tage in die DDR. Das Bild der Spaziergänger am Werbellinsee nördlich von Berlin versprach mehr, als die deutsch-deutsche Begegnung im Dezember 1981 hielt. Dennoch – eine Annäherung der beiden deutschen Staaten mitten in der Eiszeit der Ost-West-Beziehungen schien möglich.

1976

Wolf-Biermann-Konzert in Köln
13. November 1976

Köln, 13. November 1976, Radsporthalle auf dem rechtsrheinischen Messegelände: ein schmächtiger, blasser, zauseliger Mann, allein auf der kahlen, riesigen Bühne. Er spielt Gitarre, singt und redet, als gehe es um sein Leben, viereinhalb Stunden lang bis nach Mitternacht, mit einer unglaublichen Energie, die um so rätselhafter ist, als er noch Stunden vorher (wie er später erzählte) an einer fiebrigen Erkältung litt. Er jauchzt und schreit, er flüstert und schweigt, er brummt und säuselt, er lacht, als müsse er weinen, hält zwischendurch kleine Volksreden (»solidarische Kritik« an der DDR), schimpft ins Publikum, flirtet auch mit ihm, tritt die mächtigen Heuchler dieser Welt, auch der sozialistischen, in die Tonne (»Die hab ich satt«), beschwört zärtlich-deftig die Liebe in Buckow und das schicksalsbeladene, geteilte Berlin, den »preußischen Ikarus« – jenes Berlin, aus dem er angeflogen kam, einen Tag vor seinem 40. Geburtstag, und wo, kurz vor dem Flug, Günter Grass bei einer privaten Konzertprobe den wichtigen Ratschlag gegeben hatte, er möge bloß nicht nur neue Lieder vortragen, sondern auch die Plattenhits von der »Chausseestraße«. Zwei Tage später hat die DDR ihren prominenten Dichter und Bänkelsänger, der sich mit Brechtscher Sachlichkeits-Koketterie »Liedermacher« nannte und immer noch nennt, ausgebürgert – Wolf Biermann.

Biermann ist ein Held der deutschen Geschichte: Seine Ausbürgerung führte erst zu einer spektakulären Unterschriften-Protestaktion prominenter DDR-Bürger, dann zu einem allmählichen Exodus etlicher Autoren und Künstler Richtung freier Westen (von Jurek Becker bis Monika Maron, von Sarah Kirsch bis Manfred Krug) und mündete schließlich in eine – natürlich vor allem wirtschaftlich begründete – Frust- und Fluchtstimmung des Volkes, die dem kommunistischen Staat jedes Vertrauen entzog und irgendwann bei den Leipziger Montagsdemonstrationen der Jahre 1989/90 endete.

Kein Zweifel: der Anfang vom Koma des SED-Staates, der entscheidenden Voraussetzung der deutschen Wiedervereinigung also, war dieses eindrucksvolle Kölner Biermann-Konzert im Spätherbst 1976, das erste des Künstlers seit einem Jahrzehnt Auftrittsverbot in der DDR. Ermöglicht wurde es durch eine Einladung der IG Metall. Die wiederum wurde dem Sänger übermittelt von einem Vorstandsmitglied dieser Gewerkschaft, das zu der Zeit wahrscheinlich informeller Mitarbeiter der DDR-Staatssicherheit war. In diesem Fall hätte die Staatssicherheit mitgewirkt an einem spektakulären Ereignis der Staatsverunsicherung – Ironie der Geschichte.

Unter den siebentausend Zuhörern war auch der Feuilletonredakteur einer lokalen Tageszeitung – ich saß in der ersten Reihe. Sogar von Biermanns langen Kunstpausen (später hat er gestanden, daß es vor allem Angstpausen gewesen sind) zwischen den Liedern und Kommentaren war ich restlos begeistert. Kein Wunder: Es war ein Abend, an dem der Atem der Geschichte und die heisere Stimme eines kleinen, großen Mannes eine kurze, intensive Weile ununterscheidbar geworden waren. Ich muß es gespürt haben.

[Mathias Schreiber]

Der Sänger Wolf Biermann (geb. 1936) bei seinem Konzert in Köln, das zu seiner Ausbürgerung aus der DDR führte. Danach konnte er nicht mehr an seinen Wohnort Berlin zurückkehren.

RAF
SEIT 31 TAGEN
GEFANGENER

1977

Die Entführung von Hanns Martin Schleyer
5. September 1977

Ein Bild, das niemals hätte veröffentlicht werden dürfen – weil es niemals hätte gemacht werden dürfen. Der entführte Arbeitgeberpräsident Hanns Martin Schleyer im Versteck. Es zeigt den Boß aller Bosse im Unterhemd, unrasiert, geschlagen, erniedrigt. Das Bilddokument sollte die Macht des Entführerkommandos aus der RAF demonstrieren und den Staat zur Unterwerfung zwingen. Es wurde ein Dokument der Unmenschlichkeit, eines über Leichen gehenden Narzißmus, der sich als Anti-Nazismus gerierte. Hitlers Kinder, die sich einbildeten, einen ehemaligen NS-Industriemanager als Sinnbild der Kontinuität des nationalsozialistischen Herrenmenschentums entlarven zu können – und sich selbst entlarvten als Herrenmenschen über Leben und Tod.

Das Bild wurde veröffentlicht, und das war schmerzlich für die Angehörigen und dennoch notwendig. Denn es war ein Beweismittel, das im Gesicht des Entführten die Unmenschlichkeit der Entführer spiegelte. Das Ziel wurde nicht erreicht. Die Bundesregierung ließ sich nicht erpressen. Sie hatte keine andere Wahl. Das Bild half wohl dabei, die tödliche Konsequenz der Entführer deutlich zu machen.

[Stefan Aust]

Der entführte Arbeitgeberpräsident Hanns Martin Schleyer (1915–1977), über ihm das Zeichen der RAF (Rote Armee Fraktion). Das Bild wurde zusammen mit einem Bekennerschreiben an die französische Zeitung »Libération« geschickt. Schleyer war von der RAF entführt worden, um inhaftierte Gesinnungsgenossen freizupressen. Drei Polizisten und der Fahrer des Autos von Schleyer starben im Kugelhagel des Terrorkommandos. Am 19. Oktober 1977 wurde Hanns Martin Schleyer ermordet aufgefunden.

1982

Das Ende der sozialliberalen Ära
1. Oktober 1982

Ein gefaßter Alt-Bundeskanzler Helmut Schmidt verläßt eine dramatische Parlamentssitzung. Soeben ist sein Nachfolger Helmut Kohl, der am 1. Oktober 1982 den Schritt zu einem konstruktiven Mißtrauensvotum erfolgreich gewagt hatte, vom Bonner Bundestag zum neuen Regierungschef gewählt worden.

Die Miene von Schmidt verrät nichts. Der linke Flügel seiner eigenen Partei, der SPD, hatte Schmidt wegen dessen Nachrüstungspolitik gegenüber der Sowjetunion auf dem letzten Höhepunkt der militärstrategischen Auseinandersetzung in der Zeit des kalten Krieges die Gefolgschaft versagt und ihn teils heftig attackiert. Vor allem aber hatte Schmidt unter dem Beschuß der »68er« in seiner Partei gestanden, denen Schmidts Politik der Dämpfung der Sozialausgaben zum Zweck der Haushaltskonsolidierung zuwider war. Als Schmidt an diesem ersten Oktober den Bundestag verläßt, ist nicht nur eine mehr als dreißigjährige, große Politikerkarriere in einer Bundestagssitzung beendet worden, es fand nicht nur ein Regierungswechsel von SPD/FDP zu CDU/CSU/FDP unter heftiger Erosion bei der FDP statt, sondern es wurde auch ein Paradoxon in der Person Helmut Schmidts beendet. Schmidt wollte aus sozialer Verantwortung den Staat finanziell und wirtschaftlich langfristig handlungsfähig halten. Die Linken seiner Partei dachten an die Sozialleistungen im Hier und Jetzt und warfen Schmidt soziale Kälte vor. Schmidt, der als kühl kalkulierender Weltwirtschaftsfachmann galt, war ökonomisch eher weniger erfolgreich. Während seiner achtjährigen Kanzlerschaft war die Bundesrepublik Deutschland von ausgedehnter Inflation heimgesucht, in dieser Zeit entstand das bis dahin unbekannte Phänomen der Massenarbeitslosigkeit. Schmidt war einer der Erfinder der sogenannten »europäischen Währungsschlange« und ist damit einer der Urväter des Euro.

Die FDP unter Führung vor allem von Hans-Dietrich Genscher und Otto Graf Lambsdorff probte den wirtschaftskonservativen Aufstand von oben und setzte Schmidt den Stuhl vor die Tür. Ein Stück persönliche Tragik liegt in diesem Abgang des Pflichtmenschen Schmidt, der bis heute zu den bedeutendsten politischen Köpfen der Bundesrepublik gehört und ein prominenter Vertreter der sozialen Marktwirtschaft der Gründerväter Adenauer und Erhard ist, zu deren schärfsten Gegnern er gehörte.

[Bettina Röhl]

Helmut Schmidt (geb. 1918) verläßt nach seiner Abwahl den Plenarsaal des Deutschen Bundestages in Bonn. Am 1. Oktober 1982 wählte die neue Regierungskoalition aus CDU/CSU und FDP den CDU-Vorsitzenden Helmut Kohl (geb. 1930) zum sechsten Kanzler der Bundesrepublik Deutschland.
In der geheimen Abstimmung im Bundestag über das konstruktive Mißtrauensvotum zum Sturz von Helmut Schmidt hatte Kohl sieben Stimmen mehr als die erforderliche absolute Mehrheit von 249 Stimmen erhalten.

Demonstration gegen den Paragraphen 218 in Karlsruhe am 26. Februar 1983. Im Februar entschied das Bundesverfassungsgericht in Karlsruhe über die Rechtmäßigkeit einer Abtreibung auf Krankenschein.

1983

Demonstration gegen den Paragraphen 218

Wir Frauen wollen keine Almosen vom Gesetzgeber und keine Reform auf Raten! Wir fordern ersatzlose Streichung des Paragraphen 218 und umfassende sexuelle Aufklärung für alle und freien Zugang zu Verhütungsmitteln! Wir fordern das Recht auf die von den Krankenkassen getragene Schwangerschaftsunterbrechung!

Alice Schwarzer, 1971

Die Erziehungs- und Hausarbeit muß weitgehend vom Kollektiv übernommen, die Hausarbeit industrialisiert werden. Das heißt: ausreichend 24-Stunden-Krippen und -Kindergärten, die von Frauen und Männern betrieben werden; Kinderhorte und Ganztagsschulen, in denen die Geschlechterrollen nicht perpetuiert werden, denn an der Reproduktion der Gattung haben nicht nur Mütter, sondern hat die gesamte Gesellschaft ein elementares Interesse – es ist nicht einzusehen, warum die Kindererziehung ausschließlich den Frauen aufgebürdet werden soll. Ab sofort strikte Teilung der verbleibenden Hausarbeit mit den Männern.
Nur »Frauen gemeinsam sind stark!« (Losung der deutschen Frauenbefreiungsbewegung). Nicht unsere Integrierung ist wünschenswert, nicht die Vermännlichung der Frauen, sondern die Vermenschlichung der Geschlechter.

Alice Schwarzer, 1973

Glücklich über den Einzug der Grünen in den Bundestag: die Abgeordnete der Grünen, Petra Kelly, auf der konstituierenden Sitzung des Bundestages am 29. März 1983 in Bonn. Petra Kelly (1947–1992) hält einen Blumentopf mit einem Sproß einer Fichte in der Hand, der auf einer Mauer an der umstrittenen Startbahn West des Frankfurter Flughafens gewachsen war. Dahinter ihr Lebensgefährte, der Grünen-Abgeordnete Gert Bastian (1923–1992).

1983

Der Einzug der Grünen in den Bundestag
29. März 1983

Wir können nicht länger auf etablierte Parteien setzen, und wir können auch nicht länger nur auf den außerparlamentarischen Weg setzen. Das System ist bankrott, doch eine neue Kraft im außerparlamentarischen und parlamentarischen Sinne muß her. Ein Teil dieser Kraft ist repräsentiert durch die Antiparteienpartei, die Grünen. Es wird in der Bundesrepublik immer wichtiger, das zu wählen, was man von den Inhalten her für richtig hält, anstatt sich in kleinere Übel zu verzetteln. Die letzten Kommunal- und Landtagswahlen nach der Bundestagswahl 1980 haben deutlich gezeigt, daß in diesem Sinne ein wesentlicher Bewußtseinswandel in der Bevölkerung stattgefunden hat. Wir müssen nicht nur außerparlamentarisch, sondern auch parlamentarisch kompromißlos der Atom- und Betonpolitik der etablierten Parteien eine Alternative entgegensetzen, die viele Menschen veranlassen wird, sich mit grünen Inhalten und einem neuen parlamentarisch-außerparlamentarischen Politikverständnis auseinanderzusetzen.
Derzeit ist das Parteiensystem immer noch der entscheidende Auswahlmechanismus, der über die Aufnahme neuer Probleme in den politischen Themenkatalog entscheidet. Daher, meine ich, ist es fast zwangläufig so, daß große Teile der Ökologie- und Friedensbewegung auf die politische Parteienbühne drängen müssen und sollen, wie zum Beispiel in der Form der Grünen.

Petra Kelly, 1983

1984

Helmut Kohl und François Mitterand in Verdun
22. September 1984

Im Orwell-Jahr 1984 gedachten Staatspräsident François Mitterrand und Kanzler Helmut Kohl vor dem Denkmal in Verdun der Zeit, als in Europa die Lichter ausgingen. Die Schlacht von Verdun hatte zwar erst 1916 stattgefunden, als der Erste Weltkrieg schon in sein drittes Jahr gekommen war. Weil dort aber so fürchterlich viele Soldaten ihr Leben ließen, ungefähr siebenhunderttausend, steht der Name Verdun für den Ersten Weltkrieg, der in Frankreich bis heute »der große Krieg« genannt wird. Die deutsch-französische Aussöhnung war in den achtziger Jahren zwar schon seit langer Zeit auf bestem Weg, 1984 war es indes noch eine besondere Ehre für einen deutschen Kanzler, wenn der Chef einer Siegermacht mit ihm zusammen einen solchen Gedenktag beging. Ein anderer Staatspräsident als Mitterand hätte auch auf den Gedanken verfallen können, die Feierlichkeit – mit Rücksicht auf das runde Datum – andernorts anzuberaumen, dort zum Beispiel, wo des »Wunders an der Marne« gedacht wird: 1914 wurden da die kaiserdeutschen Truppen überraschend zurückgeschlagen. Aber so wollte Mitterand es nicht. Und Helmut Kohls Europapolitik ist den französischen Sonderinteressen immer entgegengekommen. Die beiden Politiker haben einander anläßlich dieser Zeremonie minutenlang bei den Händen gehalten. Darauf kam es an: Das Wort »minutenlang« ist in die Geschichte eingegangen.

[Franziska Augstein]

Bundeskanzler Helmut Kohl und der französische Präsident François Mitterand (1916–1996) besaßen ein Gespür für die geschichtsträchtige Bedeutung symbolischer Gesten. Siebzig Jahre nach den blutigen Schlachten des Ersten Weltkriegs reichten sie sich über den Gräbern der siebenhunderttausend gefallenen Soldaten in Verdun die Hände.

1985

Boris Becker siegt in Wimbledon
7. Juli 1985

Ein jubelnder Boris Becker (geb. 1967) in Wimbledon. Er gewann als erster Deutscher das Herreneinzel der All England Championsships in Wimbledon, besiegte im Endspiel den Amerikaner Kevin Curren mit 6:3, 6:7, 7:6, 6:4.

Der Rest der Welt freute sich mit Boris Becker, weil der Siebzehnjährige der jüngste Spieler war, der je das Herreneinzel in Wimbledon gewonnen hatte und weil er der erste war, der den renommiertesten Tennispokal der Welt erkämpfte, ohne von den Londoner Auguren auf die Liste der sechszehn Favoriten gesetzt worden zu sein.

Die Deutschen hatten noch einen dritten Grund zum Mitjubeln: Der jüngste aller Zeiten und der erste ungesetzte war auch der erste Deutsche, der nach 108 Jahren die All England Championships gewinnen konnte. Sein Triumph im Sommer 1985 entzündete in Deutschland ein viele Jahre grassierendes Tennisfieber. Das Fernsehen übertrug in einem Jahr drei Monate lang Tennisturniere, Eltern kauften auch unbegabten Kindern Schläger, und Teenager schwärmten für den rothaarigen Jungen, der in Deutschland als »Bobbele« verniedlicht und in England als »Bum-Bum-Boris« heroisiert wurde. Soziologen identifizierten ihn als Symbol der deutschen Gesellschaft.

Boris Becker gewann viele Turniere und wurde ein Weltstar, der auch dann faszinierte, wenn er verlor. Er schrie und weinte, er litt, ballte die Faust, tobte gegen sich selbst und hechtete über den Platz, um auch scheinbar unerreichbare Bälle noch zu erreichen. Boris Becker faszinierte als Sportheld, weil er emotional kämpfte, und er bewegte das Publikum als Charakter. Er war das lebende Objekt eines Entwicklungsromans mit vielen Kapiteln. Die ersten Bilder zeigten ihn als furchtlosen Jung-Siegfried, später konnten wir den Hamlet beim Grübeln beobachten. Der Wechsel des pubertären Jünglings zum jungen Mann spielte sich genauso in aller Öffentlichkeit ab wie die Faustsche Phase, in der mephistophelische Gefährten auftauchten. Der Don Juan kann zu einer Dauerrolle werden.

Die Medien sezieren seine Rückschläge genauso neugierig wie früher seine Aufschläge. Daran hat er sich gewöhnt und damit kann er umgehen. Weil er wie bei Tennismatches nie aufgibt und immer dazulernt, bleibt auch der Entwicklungsroman Boris Becker spannend. Mit vielen Fortsetzungen ist zu rechnen.

[Helmut Markwort]

1988

Steffi Graf erobert Wimbledon
2. Juli 1988

Nach Boris Becker nun auch ein weibliches deutsches Tennis-Wunderkind: Steffi Graf gewann im Juli 1988 das Damenfinale in Wimbledon und dann noch sechsmal bis zum Jahre 1996. Die Sympathien flogen ihr zu, weil sie ihren Beruf mit Fleiß, Ruhe und Ernsthaftigkeit ausübte. Natürlich träumten manche Verehrer von der Vereinigung der deutschen Doppelspitze.

Der Dichter Martin Walser bekannte sich offen zu seiner Begeisterung für die beiden. »Ich käme mir ziemlich verlogen vor, wenn ich meine Verehrung für Steffi Graf und Boris Becker ableugnete, verheimlichte, unterdrückte. Ich fühle mich in dieser millionenfachen Verehrergemeinschaft wohl«, schrieb er.

Je genauer die Verehrer hinsahen, desto früher erkannten sie, daß »der Leimener« und »die Brühlerin« nur Äußerliches gemeinsam hatten. Beide stammten aus Baden, Boris war ein Jahr älter, beide waren Weltspitze und Publikumslieblinge, aber ihre Charaktere und ihre Spielweise hätten kaum unterschiedlicher sein können.

Boris kämpfte spektakulär und überraschend, Steffi methodisch und berechenbar, Boris schrie seine Gefühle über den Platz, Steffi fraß sie in sich hinein. Boris maß sich gern mit den Medien. Steffi reduzierte ihre Äußerungen auf Kommentare zum sportlichen Ablauf. Boris hatte sich von der Familie frühzeitig abgenabelt, Steffi blieb zu lange die gehorsame Tochter eines mißtrauischen Vaters. Daß Schlagzeilen über Steffi fast nur im Sportteil der Zeitungen erschienen und mehr von ihrer brillanten Vorhand handelten als von Abenteuern außerhalb des Platzes, hat ihr Image als Fräulein Zuverlässigkeit begründet. Für diese deutsche Tugend ist sie ein Symbol geworden.

[Helmut Markwort]

Nach ihrem ersten Sieg bei den All England Championships in Wimbledon präsentiert Steffi Graf (geb. 1969) die Silberschale den Photographen. Die Brühlerin siegte im Finale gegen Martina Navratilova (USA) mit 5:7, 6:2, 6:1. Im Jahr 1996 sicherte sich Steffi Graf zum siebten Mal den Titel beim bedeutendsten Rasenturnier der Welt.

Der sowjetische Staats- und Parteichef Michail Gorbatschow (Mitte links; geb. 1931) und SED-Chef Erich Honecker (Mitte rechts) auf dem XI. Parteitag der SED in Ost-Berlin. Die Herzlichkeit des Händedrucks trügt: Erich Honecker ließ sich von »Glasnost« und »Perestroika« in der Sowjetunion nicht beeindrucken und behielt seine reformresistente Linie für die DDR bei.

1986

Michail Gorbatschow auf dem SED-Parteitag
16. April 1986

Man kennt Szenen dieser Art aus der fast siebzigjährigen Geschichte kommunistischer Regime. Männer in gedeckten Anzügen, Orden am Revers, applaudieren stehend. Dieses Photo entstand im April 1986 auf dem XI. Parteitag der SED in Ostberlin. Der Generalsekretär des ZK der SED und Staatsratsvorsitzende der DDR, Erich Honecker, umklammert mit beiden Händen die Rechte seines Gastes Michail Gorbatschow. Der hatte gerade die 2600 Delegierten und die gesamte Welt mit weitreichenden Abrüstungsvorschlägen für atomare und konventionelle Waffen aufgerüttelt. Niemals, so versprach Gorbatschow, werde die Sowjetunion »Kriegshandlungen gegen Westeuropa beginnen«. Die SED forderte er zu mehr Selbstkritik auf.

Der Parteitagsjubel für Gorbatschow ist inszeniert. Denn die Entfremdung zwischen der DDR-Führung und dem großen Bruder im Kreml hat bereits begonnen. Honecker paßt Gorbatschows Reformkurs mit »Perestroika« (Umgestaltung) und »Glasnost« (Offenheit) nicht. Im Februar 1987 distanziert er sich deutlich von Gorbatschows Politik. Wiederum zwei Jahre später, beim 40. Jubiläum der DDR, mahnt Gorbatschow Reformen an: »Wer zu spät kommt, den bestraft das Leben.« Honecker bleibt stur. »Den Sozialismus in seinem Lauf hält weder Ochs noch Esel auf«, tönt er noch am 6. Oktober 1989.

Zwölf Tage nach dem Esel-Satz – ein knappes Jahr vor der Wiedervereinigung – muß Honecker abtreten, er flieht nach Moskau, wird ausgeliefert und muß sich wegen der Todesschüsse an der Mauer vor Gericht verantworten. Das Verfahren wird aufgrund seines Leberleidens eingestellt. Am 29. Mai 1994 stirbt Erich Honecker im Exil in Chile.

[Helmut Böger]

Prag, Palais Lobkowitz. Mehr als viertausend DDR-Bürger warteten auf dem Gelände der bundesdeutschen Botschaft auf die Ausreise. Am Abend des 30. September 1989 verkündete Bundesaußenminister Hans-Dietrich Genscher die erlösende Botschaft, daß die DDR-Regierung zugestimmt habe. Bereits am folgenden Morgen fuhren die ersten Sonderzüge in Richtung Westen.

1989

DDR-Bürger in der Prager Botschaft
30. September 1989

Ein Schrei bringt die Mauer zum Wanken. Das ist die Botschaft des 30. September 1989 aus dem Munde von mehr als viertausend Menschen, die Freiheit wollten und Freiheit erreichten. Nicht nur für sich, sondern für alle Menschen in der damaligen DDR und für den ganzen damals bestehenden sowjetischen Herrschaftsbereich. Es ist richtig und bleibt richtig: Die Mauer wurde vom Osten her zum Einsturz gebracht, und für die mehr als Viertausend in der deutschen Botschaft in Prag gilt das ganz besonders. So ist dieses Bild zu einem Symbol des Freiheitswillens geworden. Deutsche in Prag erstritten für sich, aber nicht nur für sich, friedlich die Freiheit. Was 1989 geschah, das war eine europäische Freiheitsrevolution, und wir Deutschen können sagen: »Diesmal, als es um die Freiheit in Europa ging, waren wir Deutschen dabei.« Das war die Morgengabe, die die Deutschen aus der DDR und aus den anderen Staaten des sowjetischen Machtbereichs auf den gemeinsamen deutschen und europäischen Tisch legen konnten.

[Hans-Dietrich Genscher]

Am 19. August 1989 überschritten etwa fünfhundert DDR-Bürger während eines paneuropäischen Picknicks die ungarisch-österreichische Grenze. Nur wenige Wochen später, am 10. September, öffneten die ungarischen Behörden – ohne Zustimmung der DDR-Führung – die Übergänge nach Österreich für DDR-Bürger. Tausende wählten in den folgenden Wochen diesen Weg in den Westen.

1989 – 2005

Vom Fall der Mauer bis heute

1989

Die friedliche Revolution in der DDR
4. November 1989

Überall in der DDR kamen die Menschen im Herbst 1989 zusammen, bildeten Lichterketten und demonstrierten so ihre Hoffnung auf Veränderung. Nach vierzig Jahren der Bevormundung hatten sie genug: Das Volk übernahm die Macht, die es angeblich schon seit dem Sieg des Sozialismus besaß. Auch viele, die sich bislang unauffällig und unpolitisch mit ihrem Staat arrangiert hatten, fanden den Mut zum offenen Protest. Die Versammlungen in der Nicolaikirche und die Montagsdemonstrationen in Leipzig waren der Kern der friedlichen Revolution in der DDR, die überall auf der Welt Erstaunen und Bewunderung erregte und Vorbild für die Revolutionen auch in den östlichen Nachbarstaaten wurde. Der Gewaltverzicht, der im Symbol der Kerzen seinen sichtbaren Ausdruck fand, wurde die stärkste Waffe, weil er dem Staat die Gewalt gleichsam aus der Hand schlug.

Es ist, als habe einer die Fenster aufgestoßen. Nach all den Jahren der Stagnation, der geistigen, wirtschaftlichen, politischen; nach den Jahren von Dumpfheit und Mief, von Phrasengewäsch und bürokratischer Willkür, von amtlicher Blindheit und Taubheit – welche Wandlung! Vor noch nicht vier Wochen die schon gezimmerte Tribüne hier um die Ecke mit dem Vorbeimarsch, dem bestellten, vor den Erhabenen. Und heute, heute ihr, die ihr euch aus eigenem freien Willen versammelt habt, für Freiheit und Demokratie und für einen Sozialismus, der des Namens wert ist …

Stefan Heym
(auf der Kundgebung auf dem
Berliner Alexanderplatz)

Demonstration am Alexanderplatz. Organisiert von Künstlern und der Bürgerbewegung, versammelten sich am 4. November 1989 auf dem Berliner Alexanderplatz über eine halbe Million Menschen, um ihrer Forderung nach mehr Freiheit und Demokratie in der DDR Ausdruck zu verleihen. Es war die größte Demonstration in der Geschichte der DDR.

Am Abend des 9. November 1989 teilte SED-Politbüro Mitglied Günter Schabowski mit, daß alle DDR-Grenzen in die Bundesrepublik und nach West-Berlin für DDR-Bürger geöffnet werden. Daraufhin strömten binnen weniger Stunden Tausende Ost-Berliner in den Westteil der Stadt und an die Mauer; sie nehmen das bis dahin unüberwindbar scheinende Bauwerk in Besitz.

1989

Der Mauerfall
9. November 1989

Es gibt in der deutschen Geschichte, vielleicht sogar überhaupt in der menschlichen Geschichte, kein Ereignis, das von solch gewaltigen Eruptionen des Glücks begleitet war wie der Fall der Berliner Mauer. Niemand von uns hat einen schöneren Moment deutscher Geschichte erlebt.

Das Glück entsprang vor allem dem Ungeplanten und Unvorhersehbaren. Es war, als würden plötzlich Zeitungen und die Nachrichten nur das bringen, was sich die Menschen wünschten und ersehnten. Kein Jahr war Honeckers düsteres Versprechen alt, die Mauer werde »noch hundert Jahre stehen«, doch Fluchtwelle und Montagsdemos hatten die Verhältnisse zum Tanzen gebracht. Die Straße nahm sich fröhlich, was sie wollte.

Ein ungeschickter Versprecher des Politbüro-Mitglieds Günter Schabowski wurde vom DDR-Volk, das in seinen Autoritäten keine Autoritäten mehr sah, einfach beim Wort genommen. Die Grenzsoldaten sahen keinen Sinn mehr darin, diese Grenze zu bewachen, wenn Tausende, Zehntausende die DDR jeden Tag über die Tschechoslowakei verlassen konnten. Wir mußten uns nur noch vor dieser unüberwindlichen Grenze versammeln und »Tor auf! Tor auf!« rufen. Das Wunder geschah: Das Tor ging auf.

In diesem Moment wünschten wir uns, die Zeit möge stillstehen.

Es ist eher die Ausnahme, daß der Gang des Politischen in Glücksgefühlen und ausgelassenen Feiern mündet; die Regel sind Proteste, Ängste, Flucht, Verzweiflung. Die Zeit blieb nicht stehen, das Glück währte nicht ewig. Die Zuversicht wich Enttäuschungen, und immer mehr Deutsche wünschen sich laut Umfragen, die Mauer möge wieder aufgebaut werden.

Egal, was danach kam: Diese Nacht nimmt uns keiner. In dieser Nacht waren die Deutschen das glücklichste Volk der Welt.

[Thomas Brussig]

In der Nacht des 9. November: »Trabbis« auf dem Weg in den goldenen Westen. Einen Tag nach dem Rücktritt des alten SED-Politbüros infolge der immer stärker werdenden öffentlichen Proteste verlas das ZK-Mitglied Günter Schabowski kurz vor 19 Uhr auf einer Pressekonferenz eine Erklärung zum Stand der Ausarbeitung des Reisegesetzes. Darin hieß es: »Ständige Ausreisen können über alle Grenzübergangsstellen der DDR zur BRD bzw. zu Berlin (West) erfolgen.« Befragt, wann die Regelung in Kraft trete, antwortete Schabowski: »Sofort, unverzüglich!« Diese beiden Worte standen am Anfang der Auflösung der DDR.

1990

Helmut Kohl auf dem Domplatz von Erfurt
20. Februar 1990

Im Kaukasus, gemeinsam an einem Tisch: Bundeskanzler Helmut Kohl (rechts), Partei- und Regierungschef der UdSSR, Michail Gorbatschow (Mitte, hinter ihm seine Frau Raissa), und Bundesaußenminister Hans-Dietrich Genscher (geb. 1927). Ohne das Einverständnis der Sowjetunion hätte es die deutsche Einheit nicht gegeben. Nachdem Gorbatschow bereits in Washington entsprechende Andeutungen gemacht und die NATO das Ende der Gegnerschaft mit dem Warschauer Pakt verkündet hatte, erklärte er Helmut Kohl am 14. Juli 1990 in Moskau offen seine Zustimmung. Bei einer gemeinsamen Wanderung der beiden Delegationen im Kaukasus am Tag darauf herrschte eine fröhliche, fast ausgelassene Stimmung.

Wir Deutschen wollen im Herzen dieses alten europäischen Kontinents zur Einheit Europas beitragen. Wenn wir in zehn Jahren, an der Schwelle des neuen Jahrhunderts, offene Grenzen zur Tschechoslowakei und zu Polen haben, wenn wir in Partnerschaft und, wie ich hoffe, in Freundschaft mit der Sowjetunion leben – und natürlich in Freundschaft und einer engen Verbindung mit unseren französischen Nachbarn, mit den Beneluxstaaten, mit allen Nachbarn –, dann haben wir die Chance wirklich genutzt, am Ende dieses oft schlimmen Jahrhunderts Werke des Friedens zu schaffen.
Ich habe Verständnis für mancherlei Ängste in dieser schwierigen Übergangszeit, in der täglich so viel Neues auf Sie einstürmt. Um so wichtiger ist es jetzt, daß wir gemeinsam Kurs halten in eine sichere und friedliche Zukunft. Wir nehmen Ihre Ängste ernst, aber wir sagen Ihnen auch, wir sind voll guten Willens, Ihnen zu helfen. Ich bin heute nach Erfurt gekommen, um Ihnen und allen Landsleuten in der DDR zu sagen: Wir reichen unsere Hand für den Bau eines friedlichen, eines sozial gerechten und freiheitlichen Deutschlands – für die deutsche Einheit in Freiheit, in Wohlstand, sozialer Gerechtigkeit und Sicherheit.
Liebe Freunde, unsere Vision ist eine Vision des Friedens. Sie sollen in Ihrer Vaterstadt Erfurt glücklich leben können – und Sie sollen in Zukunft sagen können: Thüringen ist meine Heimat, Deutschland unser gemeinsames Vaterland und Europa unsere Zukunft. Darauf wollen wir gemeinsam hinarbeiten. Es lebe unser deutsches Vaterland!

Helmut Kohl

Jubel für Helmut Kohl auf einer Kundgebung der CDU am 20. Februar 1990 auf dem Domplatz in Erfurt. Ein Meer aus schwarz-rot-goldenen Fahnen, getragen von der Begeisterung Zehntausender Menschen, denen der Kanzler aus Bonn »blühende Landschaften« versprach.

»Jetzt wächst zusammen, was zusammengehört.« Dieser berühmte Satz Willy Brandts, des Altbundeskanzlers und Ehrenvorsitzenden der SPD, war sicher auch der Wunsch und die Hoffnung der führenden Repräsentanten Deutschlands am 3. Oktober 1990 auf der Ehrentribüne des Reichstags zur Feier der Wiedervereinigung. In der vorderen Reihe von links: der saarländische Ministerpräsident und SPD-Kanzlerkandidat Oskar Lafontaine (geb. 1943), der SPD-Ehrenvorsitzende Willy Brandt, Außenminister Hans-Dietrich Genscher, Hannelore Kohl (1933–2001) und Bundeskanzler Helmut Kohl, Bundespräsident Richard von Weizsäcker (geb. 1920) und seine Frau Marianne, ganz rechts Bundesfinanzminister Theo Waigel (geb. 1939).

1990

Politische Prominenz bei der Feier zur Wiedervereinigung

Der Abend des 3. Oktober 1990, der erste Tag der deutschen Einheit. Auf der Ehrentribüne vor dem Reichstag traf sich die politische Prominenz – Befürworter und Architekten der Einheit wie ihre Kritiker. Für einen Moment verschwanden die politischen Gegensätze im Pathos des Augenblicks. Nach über vierzig Jahren war Deutschland wieder vereint.

Die Einheit bedeutete auch Untergang. Nicht nur die DDR verschwand, auch die alte Bundesrepublik. Ist das der Grund für die seltsam ernsten Mienen von Waigel, Stoltenberg, Genscher, für die mürrischen Mundwinkel von Bundespräsident Richard von Weizsäcker? Willy Brandt mag ergriffen gewesen sein, stolz der Vater der Einheit, Helmut Kohl, und vielleicht auch ein bißchen wehmütig: Sein politisches Ziel war erreicht, Größeres konnte nicht mehr kommen. Aber schlicht glücklich, voller Hoffnung auf den kommenden Staat und fröhlich beseelt vom Ende der Trennung, wirkt keiner. Eher liegt ein Hauch von Begräbnisstimmung über dem Foto. Man ist gesetzt, ruhig, als erfülle man eine Pflicht. Nur die Frauen lächeln. Und Oskar Lafontaine, dem die Einheit nie Herzenswunsch war. Ahnte er schon damals: das vereinte Deutschland wird nicht preußischer, nicht konservativer, nicht stärker bedacht auf republikanische Freiheiten – es wird vor allem sozialistischer?

Und doch ist das Bild typisch: Für die gehemmte Stimmung, für die seltsame innere Distanz zu Heimat und Vaterland, auf die man in Deutschland so häufig trifft. Das Bekenntnis zum Vaterland erfordert mimisch Pathos oder kritischen Abstand. Fröhlich sein, Freude zeigen oder gar stolz auf dieses Land sein darf keiner. Man schaut verhalten und ernst. Und versteckt sich hinter hohen Büschen.

[Kai Diekmann]

Drei Jahre nach seinem ersten Besuch am Brandenburger Tor kamen der ehemalige amerikanische Präsident Ronald Reagan (1911–2004) und seine Frau Nancy (geb. 1924) ein zweites Mal nach Berlin, um sich die inzwischen überflüssig gewordene Mauer zu besehen.

1990

Ronald Reagans Besuch in Berlin
12. November 1990

Ronald Reagans Berlin-Besuche, der erste offizielle Besuch als amerikanischer Präsident vom 12. Juni 1987 und der zweite, die sozusagen private Visite im Jahr 1990, als er das Amt schon an George H. W. Bush übergeben hatte, machen die Kurzlebigkeit der Stimmungslage deutlich. Der erste Besuch, als er den berühmten Satz sprach »Mr. Gorbatshev, open this gate!«, mußte durch die West-Berliner Polizei gegen Demonstranten abgesichert werden, denn Reagan galt als Romantiker, der vom nüchternen Geschäft der Politik nichts versteht. Die Berliner Polizei mußte einen Ort suchen, wo die antiamerikanischen Demonstranten ihn nicht erreichen konnten, und man glaubte, ihn im Park des Schlosses Charlottenburg gefunden zu haben. Beim zweiten Besuch waren Reagans Träume in Erfüllung gegangen, die Mauer war im Abbruch, und bald sollte es auch keinen Ostblock mehr geben. Der ehemalige Präsident sah durch die brüchig gewordene Mauer in eine Region, die bald schon zu dem gehörte, was man die »freie Welt« nannte. Zwei Besuche – und zwischen ihnen hatte sich eine Welt verschoben.

[Wolf Jobst Siedler]

Am 12. Juni 1987 weilte der amerikanische Präsident Ronald Reagan anläßlich der Feiern zum 750jährigen Bestehen der Stadt zu einem offiziellen Staatsbesuch in West-Berlin. In seiner Rede vor dem Brandenburger Tor hatte er recht medienwirksam Gorbatschow aufgerufen, das Tor zu öffnen. Wohl kaum jemand ahnte damals, daß dies nicht einmal mehr drei Jahre dauern würde.

1990

Vor dem Arbeitsamt
Berlin-Marzahn

Wenn ich mich an die Städte erinnere vor 1990, die ich in der damaligen DDR besucht habe, dann hat sich die Welt wirklich verändert. Da haben sich Landschaften verändert, ich meine nicht nur die Autobahnen, sondern auch die Städte. Das große Thema bleibt natürlich die Arbeitslosigkeit, und wir haben sicherlich die Schwierigkeiten unterschätzt. Ich glaube auch, dass wir Fehler gemacht haben, aber das macht die Leistung von Ost und West, auch der Bevölkerung, nicht kleiner. Man hätte damals wahrscheinlich eine Steuererhöhung gebraucht, die Menschen wären dazu wohl bereit gewesen. Da sind wir zurückgewichen, denn wir hatten Sorge, es würde einen Aufstand der Wähler geben.

Norbert Blüm, 2005

Arbeitslose stehen Schlange vor dem Arbeitsamt im Ost-Berliner Bezirk Marzahn im Herbst 1990. – »Aber das Gefühl, gebraucht zu werden und ein Teil des Ganzen zu sein, haben wir den Menschen in Ostdeutschland bislang nicht geben können« (Klaus von Dohnanyi).

Die von vielen Seiten zunächst eher skeptisch erwartete Verhüllung des Reichstags vom 24. Juni bis 7. Juli 1995 wurde schon in den ersten Tagen zu einem überragenden Erfolg. Täglich strömten Zehntausende Menschen zu dem verhüllten Koloß, um das Kunstwerk von Christo und Jeanne-Claude zu bestaunen. Das Treiben auf den Wiesen rund um den Reichstag glich einem riesigen, heiteren Volksfest; fünf Millionen Besucher zählte man in diesen zwei Wochen.

1995

Die Reichstagsverhüllung
24. Juni 1995

Nach 24jährigem Bemühen der Künstler Christo und Jeanne-Claude wurde am 25. Februar 1994 im deutschen Bundestag in einer Plenarsitzung unter dem Vorsitz von Prof. Dr. Rita Süssmuth 70 Minuten lang über das Kunstwerk debattiert und danach namentlich darüber abgestimmt. Das Abstimmungsergebnis lautete: 292 dafür, 223 dagegen bei neun Stimmenthaltungen.
Im September 1994 wurde damit begonnen, all die verschiedenen Materialien nach dem Entwurf der Ingenieure herzustellen. Während der Monate April, Mai und Juni 1995 wurden die Stahlkonstruktionen für die Türme, das Dach, die Statuen und die Steinvasen installiert, die es dem in Falten gelegten Gewebe erlauben sollten, wie ein Wasserfall vom Dach auf den Boden zu fallen.
Für die Verhüllung des Reichstags wurden 100 000 Quadratmeter dickes Polypropylengewebe mit einer aluminisierten Oberfläche und 15 600 Meter blaues Polypropylenseil mit einem Durchmesser von 3,2 cm benutzt.
Die Verhüllung wurde am 24. Juni 1995 von einer Mannschaft, bestehend aus 90 Gewerbekletterern und 120 Montagearbeitern, vollendet. Der Reichstag blieb 14 Tage verhüllt.

Christo und Jeanne-Claude, 1995

1997

Ernst Jünger

Er war der letzte Ritter. Hier sehen wir ihn in der Pose, über die er ein sehr schönes Essay schrieb: »Hieronymus im Gehäus«. Die Vita contemplativa war die Lebensform dieses Soldaten. Er stammte aus dem neunzehnten Jahrhundert und erreichte fast noch das einundzwanzigste. Seine Phantasien zielten stets auf das Titanische, das heißt auf die Resultate jener Addition von Technik und Geist, die das zwanzigste Jahrhundert beherrschte. Auch die Science-fiction war ihm nicht fremd. Nur hat sie bei ihm das Aussehen einer sozialen Apokalypse, die mit den Mitteln der Technik hergestellt wird. Die Verbrechen Hitlers sah er in konkreter Utopie voraus. Sein Roman »Auf den Marmorklippen« wurde, wie Dolf Sternberger berichtete, im Dritten Reich als Widerstandsbuch gelesen.

Hundertjährig erwartete er immer noch von jedem neuen Tag ein Abenteuer. Er, der in der alten Bundesrepublik so umstritten war, hatte sie in den verflossenen Zeiten ihres Wohlstands allein durch sein Dasein immer daran erinnert, daß deutsche Geschichte im Normalfall Krisengeschichte war. Seine Tagebücher sind die Protokolle dieser Krise. Er wurde uralt, aber überlebte sich nicht. Statt dessen hatte man das Gefühl, daß seine Modernität ständig wuchs. Der Mann, der so sehr auf die Jahrhunderte zielte, war ein Meister der kleinen Form. Im Mikrokosmos seiner Käfersammlung bewegte er sich wie ein Stoßtruppführer auf Aufklärungsmission. Was ein menschliches Leben sein kann, wie kurz und doch wie unendlich lang, das hat er gezeigt. 1945 schrieb der Fünfzigjährige, er habe das Gefühl, nun könne ihm nichts mehr geschehen und womöglich nichts mehr herausfordern. Er habe erlebt, was zu erleben sei: »Denn im Innern ist's getan.« Danach lebte, arbeitete und schrieb er noch 53 Jahre lang.

[Frank Schirrmacher]

Ernst Jünger am 20. März 1997 in seinem Haus in Wilflingen. Der 1895 in Heidelberg geborene Schriftsteller und Publizist errang schon mit seinem 1920 veröffentlichten und sehr umstrittenen Kriegsbuch »In Stahlgewittern« internationalen Ruhm. Jünger starb am 17. Februar 1998. Sein Haus in Wilflingen im baden-württembergischen Landkreis Biberach, in dem er nahezu fünfzig Jahre gelebt hatte, ist heute Museum und Gedenkstätte.

1998

Die rot-grüne Koalition
20. Oktober 1998

Drei Männer stehen um einen Tisch und prosten sich zu, der eine wird sieben Tage später zum Bundeskanzler vereidigt, der andere zum Außenminister, der dritte zum Finanzminister. Es ist der 20. Oktober 1998, Gerhard Schröder, Joschka Fischer und Oskar Lafontaine haben den Koalitionsvertrag für ihre Regierung unterschrieben, es gibt deutschen Sekt. Die drei Männer haben ein Leben lang daran gearbeitet, dort hinzugelangen, wo sie jetzt sind. Sie sind mit dem Versprechen angetreten, die Republik zu verändern, sie zu einem besseren, freundlicheren Ort zu machen. Sie könnten jetzt loslegen. Aber bald schon wird sich zeigen, daß sie mit der Macht, die ihnen verliehen wurde, nichts richtig anzufangen wissen. Sie bringen ein paar Gesetze auf den Weg, von denen die meisten nicht wirklich funktionieren. Sie machen rückgängig, was die Vorgänger auf den Weg gebracht haben, um ziemlich bald festzustellen, daß dies ein großer Fehler war. Sie halten es immer schlechter miteinander aus. Sie reiben sich aneinander, werden übellaunig und mißtrauisch, auch weil ihnen so wenig gelingt. Bei Lafontaine ist es schon nach fünf Monaten soweit, daß er die Dominanz des Kanzlers nicht mehr erträgt und sich davonmacht, in seine saarländische Heimat. Die beiden andern richten sich in einem nüchternen, auf Machterhalt angelegten Zweckbündnis ein, von dem Schröder am Ende sagen wird, daß es von Anfang an das falsche war. Im Rückblick sind die Jahre unter Rot-Grün eine erstaunlich verspannte, schlechtgelaunte Zeit, auch deshalb ist das Photo vom Beginn von Rot-Grün ein so irritierendes Bild. Es steht in merkwürdigem Kontrast zu dem, was kommt. Einer der drei auf dem Photo hat einen Witz erzählt, keiner der umstehenden Photographen hat ihn gehört, so haben sie eine ruhige Hand, um den Moment festzuhalten, in dem alles ganz leicht wirkt.

[Jan Fleischhauer]

Am 20. Oktober 1998, nach der Unterzeichnung des rot-grünen Koalitionsvertrages in der NRW-Landesvertretung in Bonn. Sie schmiedeten die rot-grüne Koalition, lachend und mit einem Sektglas in der Hand: der künftige Bundeskanzler Gerhard Schröder (geb. 1944) von der SPD, der designierte Außenminister Joschka Fischer (geb. 1948) von den Grünen und der damalige SPD-Vorsitzende sowie kurzzeitige Bundesfinanzminister Oskar Lafontaine (geb. 1943).

oben: Diese D-Mark-Scheine gehören zur dritten Banknoten-Serie seit der Währungsreform in der Bundesrepublik Deutschland. Die erste, 1948 von der Bank deutscher Länder herausgegeben, wurde 1961 durch neues Geld der Deutschen Bundesbank abgelöst, das drei Jahrzehnte in Umlauf blieb. Mit dem Ziel, die Scheine fälschungssicher zu machen, gab die Bundesbank dann ab 1989 diese hier abgebildeten Banknoten heraus, die ab 2002 durch den Euro ersetzt wurden.

rechts: Geschredderte Banknoten im Wert von 1500 DM

2002

Abschied von der D-Mark
1. Januar 2002

Wer steckt schon sein Geld freiwillig in den Schredder? Um in ihren Portemonnaies Platz für eine neue, gemeinsame Währung zu schaffen, tun Europäer in zwölf EU-Mitgliedsstaaten 2002 genau dies. Am 1. Januar 2002 – zehn Jahre nach dem Vertrag von Maastricht – wird die Währungsunion Wirklichkeit. Die meisten der neuen GeldEUROpäer hoffen, mit diesem gewaltigen Schritt in Richtung europäischer Integration werde vom Ansehen und täglichen Gebrauch der Münzen und Scheine auch eine Stärkung europäischer Identität und europäischen Gemeinschaftsbewußtseins ausgehen.

In der Bundesrepublik fällt den Menschen der Abschied besonders schwer, endet damit doch die Erfolgsgeschichte der Deutschen Mark. Bis Mitte 2002 ist das Zerschreddern der rund 250 Milliarden DM in Banknoten weitgehend abgeschlossen. Die Münzen müssen in einem aufwendigen Prozeß plattgewalzt und zerschnitten werden, um sie unbrauchbar zu machen. Zwar bleibt die DM in allen Geschäften noch zwei Monate – bei zahlreichen Sonderaktionen sogar noch länger – gültiges Zahlungsmittel, doch besteht das Wechselgeld aus den frischgeprägten Euro- und Cent-Münzen.

Schon zwei Wochen vor dem Stichtag der Währungsumstellung, seit dem 17. Dezember 2001, haben die Deutschen die neue europäische Währung erhalten können: An diesem Montag beginnt in den Banken der Verkauf von 53 Millionen sogenannter Starter-Kits, kleiner Euro-Münzpakete im Gegenwert von 20 DM. Zunächst auf Besichtigungs- und Geschenkfunktionen reduziert, erobern die Münzen mit ihrer glänzenden Optik allmählich die Herzen der Bevölkerung. Als auch die Bankautomaten neue Geldscheine auswerfen, sucht manch einer wohl vergeblich nach bekannten Motiven auf den Banknoten. Um Querelen unter den Mitgliedern der Währungsunion zu vermeiden, sind die symbolträchtigen Brücken auf allen Scheinen in keinem Land zu finden. Sie verkörpern lediglich Stilrichtungen der europäischen Baugeschichte.

Das allseits erwartete Chaos bei der Euro-Einführung bleibt aus. Zahlreiche Banken verhängen über den Jahreswechsel Urlaubssperren, um Konten und Automaten pünktlich umstellen zu können. Für die Umstellung der zwölf nationalen Währungen werden bis Ende 2001 14,25 Milliarden Euro-Banknoten und 50 Milliarden Münzen bewegt. Allein das Hartgeld hat das Gewicht von 24 Eifeltürmen.

Der geld- und finanzpolitische Erfolg der europäischen Währung wird weiter diskutiert. Im Alltag schätzen wir einerseits die Erleichterungen auf Reisen und vermissen andererseits die Symbolkraft der nationalen Währungen. Die Erinnerung an die DM verblaßt, aber die Frage bleibt: Ist Europa mit dem Euro seit 2002 europäischer geworden?

[Hermann Schäfer]

2002

Die Loveparade in Berlin

Die Loveparade ist die einzige Demonstration, zu der unsere narzißtische Generation noch in der Lage ist. Sie ist Hingabe an sich selbst, im Medium der Musik zwar, aber zum Zwecke der Zelebrierung des eigenen Spaßes und der eigenen Körperlichkeit. Selbstbefriedigung in der Gruppenstunde. Der andere ist unwichtig geworden, zur Kulisse, zur Masse, in der jeder ebenso in sich verloren ist wie man selbst. Jedem ist, mit Handy, Walkman und 1-Zimmer-Appartement ausgestattet, das Leben zur Selbstbefriedigung geworden. Wenn alle alle lieben, liebt keiner keinen.

Florian Illies, 2000

13. Juli 2002, zur vierzehnten Loveparade versammelten sich wieder eine halbe Million Menschen zur Loveparade an der Siegessäule im Berliner Tiergarten. Mit einem alten VW-Bus und etwa 150 Techno-Freaks auf dem Kurfürstendamm startete am 1. Juli 1989 die »Techno-Party Loveparade Berlin«. 1995 waren es schon 500 000, die zu der alljährlich stattfindenden Loveparade in die Hauptstadt gereist waren. Es wurde eng am Kurfürstendamm, und so zog man 1996 in den Tiergarten. Bis 2004 trafen sich hier jedes Jahr Anfang Juli Abertausende zu der größten Techno-Party der Welt.

2002

Die Flutkatastrophe an der Elbe
August 2002

Wenn ich so etwas wie jetzt in Grimma oder vor einem Jahr in New York sehe, kann ich mir die Lage der Betroffenen sehr gut vorstellen. In Grimma habe ich mit Menschen gesprochen, für die am Tag vorher die Welt noch in Ordnung war – und praktisch über Nacht hatten sie alles verloren. Das geht mir wirklich nahe, das arbeitet in mir, das ist auch ein Stück Antrieb für mich. Ich bin fest davon überzeugt, daß man Entscheidungen, die als Folge nötig werden, engagierter trifft, wenn man die Not selbst gesehen hat, als wenn man nur Akten vorgelegt bekommt oder Vorträge von noch so guten Mitarbeitern hört.

Gerhard Schröder, 2002

Braune Wassermassen der Elbe in der Dresdener Altstadt, im Vordergrund der Zwinger. Die Bilder überfluteter Städte, weggeschwemmter Häuser und untergegangener Landstriche erschütterten im August 2002 alle Deutschen. Beispiellos aber war die Solidarität mit den Betroffenen, die überall zu spüren war.

2005

Papst Benedikt XVI.
Der deutsche Papst

Joseph Ratzinger ist der geborene Lehrer, Papst werden aber wollte er nie. Noch auf der Loggia des Petersdoms zeigte sein Gesicht die Spuren eines inneren Kampfes. Und am liebsten hätte er wohl geweint. In seiner erschütternden Rührung über die Zuneigung des großen Gottes, der ihm am Ende seines Weges die Schlüssel des Himmelreiches vertraut. Eine gewaltigere Sendung kann es auf Erden nicht geben. In dem Moment aber, als er als Papst Benedikt XVI. die Arme hob, die Finger spreizte und freudig den Menschen auf dem Platz entgegentrat, da schien es, als habe er einen geistigen Sprung getan und auch das neue Joch ganz angenommen.

Joseph Ratzinger ist, entgegen den Projektionen, die auf seinem Buckel abgeladen wurden, ein Revolutionär christlicher Prägung. Zu suchen und zu retten, was verloren war, ist die Konstante seines Lebens. Ein Unbequemer, ein Mahner vor den Verirrungen der Moderne, der den Zeitgeist zu packen weiß. Mit dem Evangelium in der Hand gegen den Strom zu schwimmen, so begreift er den Auftrag Jesu. Wer wirklich den Wechsel will, ruft er aus, brauche einen Wandel des Bewußtseins und des Verhaltens. Nun kann der mächtigste Deutsche am Beginn des neuen Jahrtausends zu einer Chance für Europa, insbesondere für seine Heimat werden. Als Impulsgeber und Identitätsstifter eines zerrütteten Landes, das keinen Halt mehr findet. Seinen eigenen Leuten gab der Nachfolger Petri eine spannende Losung vor: »Wir arbeiten nicht, um eine Macht zu verteidigen«, sagte er, »in Wahrheit arbeiten wir, damit die Straßen der Welt offen sind für Christus.« Das wäre dann, im Zuge der Zeitenwende, so etwas wie die Benediktisierung der Kirche, ein heilsamer Rückbau zum Ursprung des Mysteriums.

[Peter Seewald]

Papst Benedikt XVI., das neue Oberhaupt der römisch-katholischen Kirche, begrüßt vom Balkon des Petersdoms die von überall her angereisten Gläubigen. Der deutsche Kardinal Joseph Alois Ratzinger wurde am 19. April 2005 zum Nachfolger von Johannes Paul II. gewählt. Ratzinger stammt aus dem bayerischen Ort Marktl am Inn, wo er 1927 geboren wurde.

2005

Das Denkmal für die ermordeten Juden Europas

Da steht es nun und kann nicht anders. Das Holocaust-Mahnmal ist die Stein gewordene Kalamität der deutschen Gedenkkultur – die sich im übrigen selten so blamiert hat wie bei der jahrelangen Debatte über dieses Mahnmal. Kein ernstzunehmender Repräsentant der Bundesrepublik hätte etwas gegen den Bau eines »Denkmals für die ermordeten Juden Europas« einwenden können. Es tat auch niemand. Und dennoch gab es jahrelangen Streit. Das Projekt war schlecht eingefädelt. Es war nicht ganz klar, wem es zur Ehre gereichen sollte: den Toten oder diversen Lebenden. Letztere legten besonderen Wert darauf, daß das Mahnmal wuchtig sei. Überhört wurde György Konráds Vorschlag, einen Garten anzulegen, als »Geschenk der Toten an die Lebenden«. György Konrád wußte, wovon er sprach, seine eigenen Eltern waren in ein KZ verschleppt worden. Aber sein Votum ging sehr schnell unter. Nur Kanzler Gerhard Schröder hatte es sich offenbar gemerkt. Er eckte an mit dem Satz, es solle ein Denkmal werden, »zu dem die Menschen gern hingehen«. Der amerikanische Architekt Peter Eisenman, dessen gerastertes Stelengehölz nun besucht wird, hat sich dem deutschen Gezänk stets entzogen, bis heute. Leichtes Entsetzen durchzuckte das Land, als es sich herumsprach, daß die Besucher des labyrinthischen Mahnmals dort einfach gut gelaunt umherspazieren, auf der Suche nach den Qualitäten, die alle Labyrinthe haben. Als skandalös wurde verbucht, daß Jugendliche sich die kurzen Abstände zwischen den Betonpfeilern zunutze machen, um von dem einen zum nächsten zu hüpfen. Peter Eisenman sagte dazu nur: Warum nicht? Ein Denkmal sei doch dazu da, daß die Leute damit leben.

[Franziska Augstein]

Das Denkmal für die ermordeten Juden Europas, ein von Peter Eisenman entworfenes Stelenfeld in der Mitte Berlins, eingeweiht am 10. Mai 2005. Das Denkmal, unter dem ein Ort der Erinnerung eingerichtet wurde, befindet sich auf dem Gelände der einstigen Ministergärten – unweit der ehemaligen Zentralen der Macht des Nationalsozialismus.

Der Innenraum des Rokokosaales vor dem Brand.
Er soll bis 2007 wieder rekonstruiert sein, derzeit
wird die Bausubstanz getrocknet und stabilisiert.

Die Herzogin Anna Amalia Bibliothek

Die Herzogin Anna Amalia Bibliothek, Wiege der Weimarer Klassik und einzigartiges Ensemble aus Büchersammlung, Kunstbestand und Architektur, ist am 2. September 2004 von einem verheerenden Feuer heimgesucht worden. Das historische Stammhaus der Bibliothek mit dem Rokokosaal sowie große Teile des dort aufbewahrten Kunst- und Buchbestandes sind durch den Brand beschädigt oder zerstört worden. 50 000 Bücher, vornehmlich des 17. und 18. Jahrhunderts, sind verlorengegangen, 62 000 Bücher zum Teil stark durch Feuer und Wasser beschädigt worden. Die Behebung der Brandfolgen wird die Anstrengung einer Generation erfordern.

Dennoch sind die wertvollen Sondersammlungen der Bibliothek unversehrt erhalten, darunter die mittelalterlichen Handschriften, die Stammbücher, die Inkunabeln, die Globen und Landkarten, die weltweit größte Faust-Sammlung, die Shakespeare-Bibliothek, Nietzsches Privatbibliothek, die Bibliotheken von Franz Liszt, der Familie von Arnim oder von Georg Haar, auch der Kernbestand der Literatur der klassischen Zeit: insgesamt 900 000 Bände. Die geretteten Bestände und das inzwischen fertiggestellte neue Studienzentrum mit seiner beeindruckenden Architektur begründen die Hoffnung, daß das Haus als Forschungsbibliothek für Literatur- und Kulturgeschichte mit besonderem Schwerpunkt auf der klassischen deutschen Literatur künftig wieder eine große Wirksamkeit entfalten kann – so wie in der Epoche der Weimarer Klassik, als Wieland, Goethe, Herder und Schiller mit den Beständen gearbeitet hatten.

[Michael Knoche]

Am Abend des 2. September 2004 bricht aufgrund eines defekten Elektrokabels im 3. Obergeschoß der Weimarer Herzogin Anna Amalia Bibliothek ein Feuer aus – eine »nationale Kulturkatastrophe, die uns bis ins Mark getroffen hat«, wie es Kulturstaatsministerin Christina Weiss im August 2005 formulierte. Für den Wiederaufbau des bei dem Brand stark zerstörten Bibliotheksgebäudes und die Restaurierung Tausender zum Teil sehr stark beschädigter Bücher müssen hohe finanzielle Mittel aufgewendet werden. Mit dazu beitragen wird die ein Jahr nach der Katastrophe ins Leben gerufene Aktion »Lesezeichen«, eine »Allianz zur Erhaltung schriftlichen Kulturguts« aus siebzig großen deutschen Bibliotheken und Archiven.

Kurzviten der Textpaten

Augstein, Franziska, Dr., Journalistin, geboren 1964 in Hamburg. Studierte Geschichte und Philosophie in Berlin, Bielefeld und Sussex. 1996 Promotion am University College London. 1987 bis 1989 Redakteurin beim *Zeit*-Magazin, ab 1997 Feuilleton-Redakteurin der *Frankfurter Allgemeinen Zeitung* und ab 2000 deren Feuilleton-Korrespondentin in Berlin. Seit 2001 Feuilleton-Redakteurin der *Süddeutschen Zeitung*. Ernst-Robert-Curtius-Förderpreis (1998), Journalistenpreis der deutschen Zeitungen und Theodor-Wolff-Preis (beide 2000).

Aust, Stefan, Journalist und Publizist, geboren 1946 in Stade. Nach dem Abitur arbeitete er von 1966 bis 1969 bei der Zeitschrift *konkret*. Seit 1970 war er Mitarbeiter des NDR, von 1972 bis 1986 vor allem für das Politmagazin »Panorama«. 1988 übernahm er die Chefredaktion von *Spiegel* TV. Seit 1994 Chefredakteur des Nachrichtenmagazins *Der Spiegel*. Autor verschiedener Film- und Fernsehdokumentationen (u.a. »Tod in Stammheim – der Weg der Ulrike Meinhof«, 1976; »Der Kandidat«, 1980; »Sag Nein«, 1983; »Krieg und Frieden«, 1983). Seit 1980 zahlreiche Bücher, u.a. »Der Lockvogel« (2002).

Bahr, Egon, Politiker, geboren 1922 in Treffurt/Werra. Nach 1945 arbeitete er als Journalist bei verschiedenen Zeitungen und zehn Jahre beim RIAS. Von 1960 bis 1966 Senatssprecher in Berlin, von 1969 bis 1974 Staatssekretär und Bundesminister für besondere Aufgaben. Von 1972 bis 1990 gehörte er für die SPD dem Bundestag an. Er war Minister für wirtschaftliche Zusammenarbeit und von 1976 bis 1981 Bundesgeschäftsführer der SPD, bis 1991 Präsidiumsmitglied. Von 1984 bis 1994 Direktor des Instituts für Friedensforschung und Sicherheitspolitik an der Universität Hamburg. 1996 erschien seine Autobiographie »Zu meiner Zeit«.

Beaucamp, Eduard, Dr., Journalist, geboren 1937 in Aachen. 1962 Sekretär von Rudolf Alexander Schröder. 1966 Promotion bei Benno von Wiese über Wilhelm Raabe. Von 1966 bis 2002 war er Feuilleton-Redakteur und Kunstkritiker der *Frankfurter Allgemeinen Zeitung*. Bücher u.a. »Das Dilemma der Avantgarde«, 1976; »Die befragte Kunst«, 1988; »Der verstrickte Künstler«, 1998, und zuletzt »Werner Tübke – Meisterblätter«, 2004.

Bednarz, Klaus, Dr., Journalist, geboren 1942 in Falkensee/Berlin. Studierte Theaterwissenschaft, Slawistik und osteuropäische Geschichte in Hamburg, Wien und Moskau. 1967 Redakteur beim Deutschen Fernsehen. Von 1971 bis 1982 Korrespondent in Warschau und Moskau. Von 1983 bis 2001 Leiter des WDR-Politmagazins »Monitor«. Daneben war er Kommentator und Sonderkorrespondent der ARD in Rußland. Seit 2002 ist er Chefreporter Fernsehen und Sonderkorrespondent des WDR. Zahlreiche Auszeichnungen, u.a. zweimal den Adolf-Grimme-Preis.

Begley, Louis, Schriftsteller, wurde 1933 als Sohn eines jüdischen Arztes in Polen geboren. 1947 wanderte seine Familie in die USA aus. Begley studierte englische Literatur und Jura in Harvard und wurde Wirtschaftsanwalt. Seit 1959 lebt er in New York. Sein autobiographischer Bestseller »Lügen in Zeiten des Krieges«, 1994; die Geschichte seiner Kindheit in Polen, machte ihn bekannt. Er erhielt zahlreiche Preise, u.a. 1992 den renommierten französischen Prix Médicis Étranger.

Binder, Wolfgang, Musiker und Moderator, 1957 in Rosenheim geboren, studierte Sport und Musik (Oboe und Klavier), moderierte zahlreiche Sendungen des BR-Fernsehens, zur Zeit ist er in den Sendungen »Tapetenwechsel« und im Talk »Unter 4 Augen« zu sehen. Außerdem unterrichtet er an einem Münchner Gymnasium Musik.

Boehm, Gero von, Journalist und Dokumentarfilmer, geboren 1954 in Hannover. Er studierte Rechts- und Sozialwissenschaften in Heidelberg und New York, war als freier Mitarbeiter u.a. bei der *Zeit*, beim Hörfunk und mehreren Fernsehanstalten tätig. 1978 gründete er seine eigene Produktionsfirma. Für ARD, ZDF und ARTE konzipierte und realisierte er Dokumentarfilme, Künstlerporträts sowie Reihen zu naturwissenschaftlichen, gesellschaftspolitischen und kulturhistorischen Themen. Seit 2002 ist er bei 3sat Gastgeber der Gesprächssendung »Gero von Boehm begegnet…«

Böger, Helmut, Journalist, geboren 1949. Autor für Politik und Zeitgeschichte bei *Bild am Sonntag*. Er veröffentlichte 2005 das Buch »Das Attentat auf den Führer hat der Papi gemacht – Zeitgeschichte von Zeitzeugen«.

Brussig, Thomas, Schriftsteller, geboren 1965 in Berlin. Ausbildung als Baufacharbeiter. Soziologiestudium. Danach Dramaturgiestudium an der Filmhochschule Potsdam-Babelsberg. Seit 1995 freier Schriftsteller. Im gleichen Jahr erschien sein auch als Bühnenfassung erfolgreicher Wende-Roman »Helden wie wir«. Sein dritter Roman »Am kürzeren Ende der Sonnenallee« wurde 1999 ebenfalls zum Bestseller und unter der Regie von Leander Haußmann zum erfolgreichsten deutschen Film des Jahres.

Bueb, Bernhard, Dr., Pädagoge, geboren 1938. Studierte Philosophie und katholische Theologie in München und Saarbrücken. 1968 Promotion über Nietzsche. Ab 1969 wissenschaftlicher Assistent am Pädagogischen Seminar der Universität Göttingen, von 1970 bis 1972 an der Fakultät für Philosophie, Psychologie und Pädagogik der Universität Bielefeld. Von 1972 bis 1974 war er Lehrer an der Odenwaldschule. 1974 wurde er Direktor des Privatinternats Schloß Salem, das er bis 2005 leitete. Seit 1980 ist er Mitglied des Vorstandes der Studienstiftung des Deutschen Volkes.

Diekmann, Kai, Journalist, geboren1964 in Ravensburg. 1985 ging er zum Axel-Springer-Verlag, später Korrespondent in Bonn. Von 1989 bis 1991 war er Chefreporter bei der Illustrierten *Bunte*. 1992 wechselte er zur *Bild*-Zeitung. 1998 wurde er Chefredakteur der *Welt am Sonntag*, 2001 *Bild*-Chefredakteur. Seit 2004 ist er auch deren Herausgeber sowie zur Zeit auch Herausgeber der *Bild am Sonntag*. 1996 erschien der erste Band der von ihm mitverfaßten Memoiren von Helmut Kohl.

Dohnanyi, Klaus von, Dr., Politiker, geboren 1928 in Hamburg. Studium der Rechtswissenschaften in München. Arbeitete in einem Anwaltsbüro und ab 1954 bei den Kölner Ford-Werken. Seit 1957 Mitglied der SPD. Von 1969 bis 1981 Mitglied des Bundestages. Von 1972 bis 1974 Bundesminister für Bildung und Wissenschaft. 1976 Staatsminister im Auswärtigen Amt. 1982 wechselte er als Erster Bürgermeister in die Freie und Hansestadt Hamburg, wo er bis 1988 regierte. Nach der Wiedervereinigung engagierte er sich in der ostdeutschen Wirtschaft und beriet die Treuhandanstalt. Für seine Verdienste wurde er u.a. mit der Theodor-Heuss-Medaille geehrt.

Draesner, Ulrike, wurde 1962 in München geboren und lebt heute als Lyrikerin, Romanautorin und Essayistin in Berlin. Sie studierte in München und Oxford Anglistik, Germanistik und Philosophie. 2005 erschien ihr Roman »Spiele«, in dem die Olympischen Spiele 1972 in München im Zentrum des Geschehens stehen. Ulrike Draesner hat für ihr Werk zahlreiche Auszeichnungen erhalten, darunter den Hölderlin-Förderpreis.

Fest, Joachim, Dr., Publizist und Historiker, geboren 1926 in Berlin. Studierte Jura, Geschichte und Germanistik in Freiburg, Frankfurt a. M. und Berlin. 1963 Fernseh-Chefredakteur beim NDR und Veröffentlichung der Studie »Das Gesicht des Dritten Reiches« über die Führungsfiguren der NS-Herrschaft. 1973 erschien sein Weltbestseller »Hitler«. Von 1973 bis 1993 Herausgeber der *Frankfurter Allgemeinen Zeitung*. 1994 erschien sein Bestseller »Staatsstreich«, eine Analyse des Anschlags vom 20. Juli 1944.

Fischer, Hannelore, Kunsthistorikerin, geboren 1956, hat Geschichte, Kunstgeschichte und Germanistik in Köln studiert und leitet das Käthe Kollwitz Museum Köln seit 1990. Grundstock der Sammlung waren über 100 Zeichnungen aus der Erbengemeinschaft Kollwitz. Die kontinuierlich erweiterte Sammlung gilt inzwischen als international größter Bestand der Werke dieser herausragenden Künstlerin des 20. Jahrhunderts.

Fleischhauer, Jan, geboren 1962, ging nach einem Studium der Literaturwissenschaft und Philosophie zum *Spiegel*. Die letzten vier Jahre hat er als Wirtschaftskorrespondent in New York gelebt, seit Anfang des Jahres ist er stellvertretender Leiter des *Spiegel*-Hauptstadtbüros.

Friedrich, Jörg, Publizist und Autor, geboren 1944 in Kitzbühel. Arbeitete als Drehbuchautor, Regisseur und Schauspieler, engagierte sich 1968 in der APO und wurde später Journalist. Seit Ende der 1970er Jahre befaßt er sich mit dem Thema Zweiter Weltkrieg, u.a. erschienen »Freispruch für die Nazi-Justiz«, 1982, und »Das Gesetz des Krieges«, 1993. Er legte 2002 mit »Der Brand. Deutschland im Bombenkrieg 1940–1945« einen Bestseller vor, der eine große Debatte über den militärischen Sinn des Luftkrieges auslöste.

Gebhardt, Volker, Dr. Dr., Autor, geboren 1962 in Freiburg im Breisgau. Studierte Medizin und Kunstgeschichte in Bochum und am Warburg-Institut in London. Er promovierte in beiden Fächern. Zwischen 1995 und 2003 war er in leitender Position bei verschiedenen Kunstbuchverlagen tätig. Seine Bücher zu Themen der Kunst- und Kulturgeschichte Europas wurden in zahlreiche Sprachen übersetzt. Lebt als freier Autor und Publizist in Berlin.

Geipel, Ines, Prof., Schriftstellerin, geboren 1960 in Dresden. War sechs Jahre Leistungssportlerin in der DDR. Nach einem Germanistikstudium in Jena floh sie 1989 nach Westdeutschland und studierte Philosophie und Soziologie in Darmstadt. Heute ist sie Professorin an der Berliner Hochschule für Schauspielkunst Ernst Busch. Im Jahr 2003 erschien »Für heute reicht's«, eine kontrovers diskutierte Mischung aus Reportage und Fiktion über den Amoklauf Robert Steinhäusers in Erfurt. 2005 folgte der Roman »Heimspiel«, eine DDR-Fluchtgeschichte aus dem Jahr 1989.

Genscher, Hans-Dietrich, Rechtsanwalt und Politiker, geboren 1927 in Reideburg/Saalkreis. Nach Kriegsgefangenschaft 1946 bis 1949 Studium der Rechtswissenschaften und Volkswirtschaft in Halle und Leipzig. 1952 Übersiedlung in die Bundesrepublik und Eintritt in die FDP, zunächst Tätigkeit als Anwalt, dann als Geschäftsführer der FDP-Bundestagsfraktion. Mitglied des Bundestages von 1965 bis 1998. Bundesinnenminister von 1960 bis 1974. Außenminister und Vizekanzler von 1974 bis 1992, außerdem Bundesvorsitzender der FDP von 1974 bis 1985, seit 1992 deren Ehrenvorsitzender.

Gertz, Holger, geboren 1968 in Oldenburg. Studium der Psychologie und Kommunikationswissenschaft. Seit 1996 bei der *Süddeutschen Zeitung* in München, erst als Sportredakteur, dann als Reporter und »Streiflicht«-Autor.

Grönemeyer, Dietrich, Prof. Dr., Mediziner, geboren 1952 in Clausthal-Zellerfeld. Studierte Medizin in Kiel, Sinologie und Romanistik in Bochum. 1982 Promotion zum Dr. med. an der Universität Kiel. 1990 Habilitation an der Universität Witten/Herdecke. Er ist Inhaber des Lehrstuhls für Radiologie und Mikrotherapie der Universität Witten/Herdecke sowie Gründer und Leiter des Entwicklungs- und Forschungszentrums für Mikrotherapie Bochum. Seit 1997 leitet er zudem das Grönemeyer Institut für Mikrotherapie. Weltweite Gastprofessuren. Er ist Autor der Bestseller »Mensch bleiben« und »Mein Rückenbuch«.

Härtling, Peter, Schriftsteller, geboren 1933 in Chemnitz. Nach einem Volontariat bei der Nürtinger Zeitung arbeitete er bei diversen Zeitungen, bis er 1967 als Cheflektor zum S. Fischer Verlag kam. Bereits 1959 erschien sein Debüt »Im Schein des Kometen«, es folgten weitere Romane, Romanbiographien und Jugendbücher, zuletzt sein Erinnerungsband »Leben lernen« (2003). Er wurde mit zahlreichen Preisen geehrt, u.a. mit dem Deutschen Jugendbuchpreis, dem Hölderlin- und dem Eichendorff-Preis.

Klein, Georg, Schriftsteller, geboren 1953 in Augsburg, lebt mit seiner Familie in Berlin und Ostfriesland. Studierte

Germanistik. Publizierte 1998 seinen Debütroman »Libidissi«, der als eine der wichtigsten Neuerscheinungen des Jahres 1998 gefeiert und in mehrere Sprachen übersetzt wurde. 1999, im Erscheinungsjahr des Erzählungsbandes »Anrufung des Blinden Fisches«, wurde ihm der Brüder-Grimm-Preis zuerkannt, im Jahr 2000 erhielt er den Ingeborg-Bachmann-Preis für einen Auszug aus seinem Roman »Barbar Rosa«.

Knoche, Michael, Dr., geboren 1951 in Werdohl/Westfalen, ist Direktor der Herzogin Anna Amalia Bibliothek in Weimar. Er studierte Germanistik, Philosophie und Theologie in Tübingen. Nach Bibliothekarsstationen in Karlsruhe und Köln arbeitete er in Verlagen in Heidelberg und Berlin. 1991 wechselte er nach Weimar.

Ulrike Knöfel, geboren 1969, Studium der Kunstgeschichte in München.Verantwortlich für die Kunstberichterstattung beim Nachrichtenmagazin *Der Spiegel*.

Knoll, Philipp, geboren 1990 in Bonn, ist Schüler eines Gymnasiums am Bodensee. Darüber hinaus ist er Mitglied bei einer Gruppe von Juniorlektoren, die in einem Münchner Kinder- und Jugendbuchverlag das Programm lesen und beurteilen. Seine große Leidenschaft aber gilt geschickten Fallrückziehern beim Fußball.

Krekeler, Elmar, Journalist, geboren 1963, studierte Musikwissenschaft in Mainz. Er begann seine Laufbahn als Musikkritiker, wechselte dann zur Literatur und arbeitete als Redakteur für *Die Welt*. 1998 war er Mitbegründer der Samstagsbeilage »Die literarische Welt«, deren Leiter er seit 2001 ist. Im Jahr 2004 wurde ihm der Alfred-Kerr-Preis für Literaturkritik verliehen.

Kühne, Ulrich, Dr., Wissenschaftsphilosoph, -historiker und -journalist, geboren 1966. Arbeitet frei in der Sachbuchredaktion der *Süddeutschen Zeitung*. Lebt in München und im Odenwald und hat das Buch »Die Methode des Gedankenexperiments« (2005) veröffentlicht.

Kunert, Günter, Schriftsteller, geboren 1929 in Berlin. Studierte Grafik in Ostberlin. 1948 veröffentlichte er erste Gedichte und Geschichten in der Zeitschrift *Ulenspiegel*. Seine zunehmend kritische Auseinandersetzung mit der staatlichen Kulturpolitik in der DDR führte 1979 zu seiner Ausreise in die Bundesrepublik. Seither lebt er als freier Schriftsteller bei Itzehoe. 1991 erhielt er für sein poetisches Werk den Hölderlin-Preis und den Ernst-Robert-Curtius-Preis für Essayistik.

Limbach, Jutta, Prof. Dr., Rechtswissenschaftlerin und Politikerin, geboren 1934 in Berlin. Nach dem Studium der Rechte wurde sie 1966 an der FU Berlin promoviert. Die Habilitation erfolgte 1971. Seit 1972 ist sie Professorin für Zivilrecht an der FU Berlin. 1989 wurde sie Berliner Justiz-Senatorin. Dieses Amt hatte sie bis 1994 inne, als sie zunächst zur Vizepräsidentin und noch im gleichen Jahr zur Präsidentin des Bundesverfassungsgerichts ernannt wurde. Seit 2002 ist sie Präsidentin des Goethe-Instituts Inter Nationes. 2005 erhielt sie die Louise-Schroeder-Medaille.

Lojewski, Wolf von, Journalist, geboren 1937 in Berlin. Nach dem Jurastudium begann er seine Laufbahn mit Berichten und Moderationen für das Fernseh-Regionalprogramm des NDR. 1971 ging er für die ARD als Korrespondent nach Washington. 1974 übernahm er die Moderation des »Weltspiegels« und der »Tagesthemen«. 1982 wurde er ARD-Korrespondent in Großbritannien. Von 1992 bis 2003 war er Leiter und Anchorman des ZDF-»heute-journals«. Seit 2003 moderiert er das ZDF-Magazin »Abenteuer Wissen«. Zahlreiche Auszeichnungen, u. a. den Hanns-Joachim-Friedrichs-Preis (1999).

Markwort, Helmut, Journalist und Publizist, geboren 1936 in Darmstadt. Er begann seine Karriere als Redakteur bei verschiedenen Tageszeitungen und war Chefredakteur bei Publikumszeitschriften wie *Bild und Funk*, *Gong* und *Die Aktuelle*. 1993 gründete er das Nachrichtenmagazin *Focus*, dessen Chefredakteur, Herausgeber und Geschäftsführer er ist. Auf 3sat moderiert er »Bookmark«, das erste Sachbuchmagazin im deutschen Fernsehen. Für sein journalistisches Werk erhielt er zahlreiche Preise und Ehrungen.

Michel, Rudi, Journalist, Moderator und Sprecher, geboren 1921 in Kaiserslautern. Nach einer Banklehre ab 1948 journalistische Tätigkeit beim Südwestfunk, ab 1962 als Hauptabteilungsleiter Sport (Hörfunk und Fernsehen). Ab 1954 Fußball-WM-Berichterstatter. Rudi Michel kommentierte fünf WM-Finalspiele für die ARD und war bis zu seiner Pensionierung 1988 einer der wichtigsten Mittler des Sports in Hörfunk und Fernsehen. 2004 erschien sein Erinnerungsbuch an das Wunder von Bern »Wir sind Weltmeister!«.

Mitscherlich, Margarete, Dr., Psychoanalytikerin und Autorin, geboren 1917 in Dänemark. Studierte Medizin und Literatur in München und Heidelberg. 1947 ging sie als Ärztin in die Schweiz, wo sie ihren späteren Ehemann, den Psychoanalytiker Alexander Mitscherlich, kennenlernte. 1967 erschien ihre gemeinsame Analyse »Die Unfähigkeit zu trauern«, in der sie die gescheiterte Bewältigung der Nazi-Vergangenheit in der Adenauer-Ära untersuchten. In späteren Werken behandelte sie u. a. das Rollenverhalten der Frau in Politik und Gesellschaft.

Müller, Melissa, Journalistin und Schriftstellerin, geboren 1967 in Wien. Studierte Betriebswirtschaftslehre und Germanistik, ist freie Autorin und schreibt für verschiedene deutschsprachige Kultur- und Nachrichtenmagazine. Ihr Buch »Das Mädchen Anne Frank« (1998) erregte international großes Aufsehen und wurde im Jahr 2000 verfilmt. Ebenso erfolgreich war ihre Mitarbeit an Traudl Junges Buch »Bis zur letzten Stunde« (2002), den Erinnerungen von Hitlers ehemaliger Sekretärin.

Preuss, Sebastian, Journalist, geboren 1964 in Berlin. Kunstgeschichtsstudium in Berlin, Bonn, Köln und Mainz. Journalistische Lehrjahre bei der *Frankfurter Allgemeinen Zeitung*. Seit 1997 Kunstkritiker im Feuilleton der *Berliner Zeitung*.

Preußen, Friedrich Wilhelm Prinz von, Dr., Historiker, geboren 1939. Erster Urenkel des letzten deutschen Kaisers und der älteste Sohn der Großfürstin Kira von Rußland und des früheren Chefs des Hauses Hohenzollern, Prinz Louis Ferdinand. Promotion in München. Sein Forschungsinteresse gilt der Familiengeschichte der Hohenzollern. Zu seinen jüngsten Veröffentlichungen gehören u. a. »Gott helfe unserem Vaterland – Das Haus Hohenzollern 1918–1945« und mit Kirsten Heckmann-Janz und Sibylle Kretschmer »... solange wir zu zweit sind – Friedrich der Große und Wilhelmine Markgräfin von Bayreuth in Briefen« (beide 2003).

Reed, Terence James, Prof. Dr., Germanist, geboren 1937. Studium der modernen Sprachen in Oxford. Dort ab 1963 tätig, von 1988 bis 2005 als Inhaber der Taylor-Professur für deutsche Sprache und Literatur. Mitglied der British Academy, korrespondierendes Mitglied der Göttinger Akademie der Wissenschaften und des Collegium Europaeum Jenense. Medaille der Goethe-Gesellschaft 1999. Humboldt-Forschungspreis 2002. Bücher über Goethe, Schiller, Thomas Mann. Mitherausgeber der Werke Thomas Manns im S. Fischer Verlag.

Röhl, Bettina, Journalistin, geboren 1962 in Hamburg, studierte Germanistik und Geschichte in Hamburg und Perugia (Italien). 1986 machte sie ihr Volontariat bei der Zeitschrift *Tempo*. Sie arbeitete danach für verschiedene Medien, unter anderem für *Männer Vogue* und *Spiegel* TV. Anfang 2001 veröffentlichte sie Details aus der politischen Vergangenheit Joschka Fischers und löste damit heftige Diskussionen über Fischer und eine neue Debatte über »68« aus. Als freie Journalistin schreibt sie in verschiedenen Tageszeitungen und Magazinen, u. a. für *Cicero*, die *Netzzeitung* oder die *taz*. Sie ist das Patenkind von Rudi Dutschke.

Rott, Herbert Wilhelm, Dr., Kunsthistoriker, geboren 1960 in Buchloe. 1994 Promotion über Peter Paul Rubens. 1986 bis 1988 Volontär in den Bayerischen Staatsgemäldesammlungen, dem Bayerischen Nationalmuseum und der Staatlichen Graphischen Sammlung. Seit 1991 freier Mitarbeiter im Kunstreferat der Diözese Augsburg. Ab 1998 Wissenschaftlicher Angestellter beim Bayerischen Nationalmuseum. Ab 2000 zunächst wissenschaftlicher Angestellter, dann Konservator der Bayerischen Staatsgemäldesammlungen.

Sander, Jochen, Dr., geboren 1958, studierte Kunstgeschichte, spätantike Archäologie und Geschichte an den Universitäten Bochum, Bonn und Wien. Er forschte und publizierte vor allem zur Kunst des Spätmittelalters und der Frühen Neuzeit in Deutschland, den Niederlanden und Italien. Er ist seit 1988 am Städelschen Kunstinstitut in Frankfurt beschäftigt und seit 1991 Leiter der Gemäldeabteilung.

Schäfer, Hermann, Prof. Dr., Historiker, geboren 1942 in Trier. Studium der Geschichte und Anglistik. Seit 1987 Präsident der Stiftung Haus der Geschichte der Bundesrepublik Deutschland. Er lehrt an den Universitäten Freiburg im Breisgau und Karlsruhe und ist in zahlreichen nationalen und internationalen Gremien tätig, u. a. als Vizepräsident der deutschen UNESCO-Kommission, Vorstandsmitglied des European Museum Forum und der American Visitors Studies Association. Zahlreiche Veröffentlichungen.

Schirrmacher, Frank, Dr., Journalist und Publizist, geboren 1959 in Wiesbaden. Studierte Germanistik, Anglistik und Philosophie in Heidelberg und Cambridge. Von 1989 bis 1993 Leiter der Redaktion »Literatur und literarisches Leben« der *Frankfurter Allgemeinen Zeitung*. Seit 1994 Herausgeber der *FAZ* mit Zuständigkeit für das Feuilleton. Mit seinem Buch »Das Methusalem-Komplott«, in dem er das Problem des Alterns in unserer Gesellschaft analysiert, schrieb er 2004 einen Bestseller.

Schreiber, Mathias, Dr., Journalist und Autor, geboren 1943 in Berlin. War von 1982 bis 1991 Redakteur im Feuilleton der *Frankfurter Allgemeinen Zeitung*, von 1991 bis 2005 Kultur-Ressortleiter der Zeitschrift *Der Spiegel*, für die er heute als freier Autor tätig ist. Mehrere Buchveröffentlichungen über Literatur, Architektur und Fragen der Ästhetik (u. a. »Deutsche Architektur nach 1945« und, mit Volker Hage, »Marcel Reich-Ranicki – ein biographisches Porträt«) sowie Verfasser dreier Lyrikbände.

Schumann, Uwe-Jens, geboren 1944, lebt als freier Journalist in München. Er ist Fernsehautor, Autor von zwölf Büchern (von »Vater werden ist doch schwer« bis zu einer Biographie über James Dean) sowie enthusiastischer Sammler aller Werke von Erich Kästner und seines Illustrators Walter Trier.

Seewald, Peter, Journalist und Autor, geboren 1954 in Bochum. 1976 gründete er eine linksliberale Zeitung in Passau. Von 1981 bis 1987 Redakteur beim *Spiegel*, von 1987 bis 1990 beim *Stern*. 1990 bis 1994 Redakteur beim Magazin der *Süddeutschen Zeitung*. 1997 gründete er das Unternehmen »Gutes aus Klöstern«. Er lebt mit seiner Familie als freier Publizist in München.

Seggern, Andreas von, Dr., Historiker, Jahrgang 1967. Mitarbeiter der Otto-von-Bismarck-Stiftung in Friedrichsruh. Ausstellungen, Vorträge und Veröffentlichungen zur Zeitgeschichte, Kulturgeschichte des 19. Jahrhunderts, Geschichte des Fußballs sowie zur Oldenburger Regionalgeschichte.

Seibt, Gustav, Dr., Journalist und Autor, geboren 1959 in München. Studierte Geschichte, Latinistik und Italianistik. Er war Leiter des Literaturblatts der *Frankfurter Allgemeinen Zeitung*, Mitarbeiter der *Zeit*, schreibt für die *Süddeutsche Zeitung* und lebt als Publizist in Berlin. 1995 wurde er mit dem Sigmund-Freud-Preis für wissenschaftliche Prosa, 1999 mit dem Hans-Reimer-Preis der Warburg-Stiftung ausgezeichnet.

Siedler, Wolf Jobst, Publizist und Verleger, geboren 1926 in Berlin. Wurde mit 29 Jahren Feuilletonchef beim *Tagesspiegel*. Von 1963 bis 1979 leitete er die Verlage Ullstein und Propyläen und bis 1998 den von ihm 1983 gegründeten Wolf Jobst Siedler Verlag. Hier brachte er u. a. die Memoiren von Helmut Schmidt, Michail Gorbatschow und Richard von Weizsäcker heraus. Zuletzt erschien 2004 sein Erinnerungsband »Wir waren noch einmal davongekommen«.

Sparschuh, Jens, Dr., Schriftsteller, geboren 1955 in Chemnitz. Studierte von 1973 bis 1978 Philosophie an der Universität von St. Petersburg. Anschließend bis 1983 wissenschaftlicher Assistent an der Humboldt-Universität. 1983 promovierte er mit einer Arbeit über die Philosophie der Logik. Seitdem freier Schriftsteller. Verfasser von Gedichten, Essays und Romanen, u.a. »Der Zimmerspringbrunnen«, 1995, und »Lavaters Maske«, 1999, und von Hörspielen und Features für diverse Rundfunkanstalten. Er erhielt u.a. das Anna-Seghers-Stipendium und den Hörspielpreis der Kriegsblinden.

Speicher, Stephan, Journalist, geboren 1955 in St. Tönis/Niederrhein. Studium der Rechtswissenschaft, Geschichte und Germanistik in Münster und Bonn, wissenschaftlicher Angestellter in Wuppertal. Redakteur im Feuilleton des *Tagesspiegels* und von 1992 bis 1996 der *Frankfurter Allgemeinen Zeitung*, seit 1996 Redakteur bei der *Berliner Zeitung*.

Stein, Anna Christina, Journalistin, geboren 1971 in Bad Fredeburg. Ausbildung zur Galeristin. Studierte von 1992 bis 1997 Geschichte, Kunstgeschichte und Archäologie in Bonn und Birmingham. Seit 1998 freie Journalistin in London.

Strubel, Antje Rávic, Schriftstellerin, geboren 1974 in Potsdam. Buchhandelslehre, Beleuchterin am Wings Theatre in New York. Studium der Amerikanistik, Psychologie und Literaturwissenschaften in Potsdam und an der New York University. Von ihr sind u.a. erschienen: »Offene Blende«, Roman, 2001; »Tupolew 134«, Roman, 2004. Im Jahr 2005 erhielt sie den Förderpreis zum Bremer Literaturpreis und den Marburger Literaturpreis.

Vollmer, Antje, Dr., Politikerin, geboren 1943 in Lübbecke. Studierte evangelische Theologie in Berlin, Heidelberg, Tübingen und Paris und arbeitete anschließend als Pastorin. Von 1983 bis 1990 war sie Mitglied der Fraktion der Grünen im Bundestag. Von 1994 bis 2005 war sie wieder Abgeordnete und Vizepräsidentin des Bundestags. Sie wurde u.a. mit der Carl-von-Ossietzky-Medaille und dem Masaryk-Orden der Tschechischen Republik für Verdienste um die deutsch-tschechische Aussöhnung ausgezeichnet.

Wagenbach, Klaus, Prof. Dr., Verleger, geboren 1930 in Berlin. Ab 1949 absolvierte er eine Lehre in den Verlagen Suhrkamp und S. Fischer. Neben seinem Studium der Germanistik, Kunstgeschichte und Archäologie in München und Frankfurt a. M. war er Hersteller im S. Fischer Verlag. Nach der Promotion wurde Klaus Wagenbach 1957 Lektor im Modernen Buch-Club, Darmstadt, ab Ende 1959 Lektor für deutsche Literatur im S. Fischer Verlag. Im Herbst 1964 gründete er in Berlin den bis heute unabhängigen Verlag Klaus Wagenbach. Er ist Honorarprofessor für Neuere deutsche Literatur an der FU Berlin. Zahlreiche Ehrungen.

Welser, Maria von, Journalistin, geboren 1946 in München. Studierte Politologie und Soziologie und absolvierte die Münchner Journalistenschule. Redakteurin bei verschiedenen Zeitungen. Ab Anfang der 1980er Jahre arbeitete sie für den Bayerischen Rundfunk. Von 1988 bis 1996 leitete und moderierte sie beim ZDF das von ihr mitentwickelte Frauenjournal »ML – Mona Lisa«, danach das Magazin »Mit mir nicht! Welsers Fälle«. Ab 2001 war sie ZDF-Korrespondentin in London. Seit 2003 ist sie Direktorin für Hörfunk und Fernsehen beim Landesfunkhaus Hamburg (NDR). Ihr journalistisches Werk wurde mit zahlreichen Preisen gewürdigt.

Wickert, Ulrich, Journalist, geboren 1942 in Tokio. Studierte Politische Wissenschaften und Jura in Bonn und den USA. Er begann 1968 als freier Hörfunkautor bei der ARD, wo er kurze Zeit später Redakteur für das Magazin »Monitor« wurde. Von 1977 bis 1991 war er ARD-Korrespondent und -Studioleiter in Washington, New York und Paris. Seit 1991 ist er erster Moderator der »Tagesthemen«. Er ist Autor zahlreicher Bücher, darunter »Vom Glück, Franzose zu sein«, und »Alles über Paris«. Er bekam zahlreichen Ehrungen, u.a. 2000 den Adenauer-de-Gaulle-Preis.

Wied, Thekla Carola, Schauspielerin, geboren 1944 in Breslau (heute Wroclaw, Polen). Absolvierte die Folkwang-Hochschule in Essen. Über ein Jahrzehnt Engagements an verschiedenen deutschen Bühnen, seither spielte sie zahlreiche Rollen in Film und Fernsehen. Ausgezeichnet u.a. mit dem Bayerischen Fernsehpreis. Sie ist Botschafterin der SOS-Kinderdörfer.

Literaturnachweis

S. 19: Peter Wapnewski, »Walther von der Vogelweide. Gedichte. Mittelhochdeutscher Text und Übertragung«, Frankfurt/Main 2000.

S. 25: Ernst H. Gombrich, »Weltgeschichte für junge Leser«, Köln 1985.

S. 29: Ernst H. Gombrich, »Weltgeschichte«, a.a.O.

S. 39: Claus Harms, »Der Krieg nach dem Kriege. Die Bekämpfung einheimischer Landesfeinde«, Rede vom 13.3.1814, gehalten in Lunden.

S. 44: Ludwig Simon, »Auf der Frankfurter Pfingstweide«, Rede vom 17.9.1848, gehalten in Frankfurt am Main.

S. 51: Wilhelm Busch, Vorwort zu »Max und Moritz, eine Bubengeschichte in sieben Streichen«, München 1856.

S. 60: Rosa Luxemburg, Verteidigungsrede vor dem Landgericht Frankfurt, 20.2.1914.

S. 66: Erich Maria Remarque, »Im Westen nichts Neues«, Berlin 1928.

S. 78: Marlene Dietrich, »Nehmt nur mein Leben. Reflexionen«, München 1979.

S. 81: Hans Fallada, »Kleiner Mann – was nun?«, Berlin 1932.

S. 88: Erich Kästner, »Bei Durchsicht meiner Bücher«, Zürich 1946.

S. 93: Christoph Albrecht-Heider, *Frankfurter Rundschau*, 5.2.2005.

S. 109: Esther Zucker, in: Debòrah Dwork, »Kinder mit dem gelben Stern. Europa 1933–1945«, München 1994.

S. 113: Renate Schlief-Ehrisman, in: Haus der Geschichte (Hg.), »Bilder, die lügen«, Bonn 1998.

S. 114: Aus der Kapitulationsurkunde, 8. Mai 1945.

S. 124: Aus der Vereinigungsurkunde der SED, 1946.

S. 130: Anordnung der sowjetischen Militärverwaltung, *Tägliche Rundschau*, 19.6.1948.

S. 133: Grundgesetz für die Bundesrepublik Deutschland, 23.5.1949.

S. 139: Fritz Schenk, »Mein doppeltes Vaterland. Erfahrungen und Erkenntnisse eines geborenen Sozialdemokraten «, Würzburg, 1981.

S. 142: Konrad Adenauer, Grundsatzerklärung vom 9.9.1955, Moskau.

S. 146: Joseph Rovan, »Geschichte der Deutschen. Von ihren Ursprüngen bis heute«, München 1995.

S. 153: Franz Steinkühler, in: Stefan Aust, Claus Richter, Gabor Steingart u.a., »Der Fall Deutschland. Abstieg eines Superstars«, München 2005.

S. 154: Uwe Johnson, *Tagesspiegel*, 19.11.1964.

S. 163: Willy Brandt, Protestkundgebung vor dem Schöneberger Rathaus, 16.8.1961.

S. 167: Hartmut Soell, »Helmut Schmidt. Vernunft und Leidenschaft«, München 2003.

S. 170: Alfred Grosser, »Wie anders ist Frankreich?«, München 2005.

S. 173: John F. Kennedy, Rede vor dem Schöneberger Rathaus, 26.6.1963.

S. 180: Marcel Reich-Ranicki, »Mein Leben«, Stuttgart 1999.

S. 191: Richard von Weizsäcker: »Vier Zeiten. Erinnerungen«, Berlin 1997.

S. 199: Alice Schwarzer, »Frauen gegen den § 218«, Frankfurt/Main 1971;
Schwarzer, »Frauenarbeit, Frauenbefreiung«, Frankfurt/Main 1973.

S. 201: Petra K. Kelly, »Um Hoffung kämpfen. Gewaltfrei in eine grüne Zukunft«, Göttingen 1983.

S. 212: Stefan Heym, Kundgebung auf dem Berliner Alexanderplatz, 4.11.1989.

S. 216: Helmut Kohl, Kundgebung auf dem Erfurter Domplatz, 20.2.1990.

S. 222: Norbert Blüm, in: »Der Fall Deutschland«, a.a.O.

S. 225: Christo und Jeanne-Claude, 1995.

S. 233: Florian Illies, »Generation Golf. Eine Inspektion«, Berlin 2000.

S. 234: Gerhard Schröder, *Stuttgarter Zeitung*, 23.8.2002.

Die Quellentexte (kursiv gesetzt) wurden von der Redaktion zum Teil gekürzt.

Bildnachweis

bpk Bildarchiv Preußischer Kulturbesitz, Berlin
bpk Berlin S. 16, 18, 20, 21, 22, 32, 42, 44, 45, 46, 52, 58, 64, 79, 80, 84, 86, 90, 92, 98, 102, 106, 110, 114, 127, 128, 130, 156, 159, 220; bpk Berlin/Braun S. 13; bpk Berlin/Remmer S. 31; bpk Berlin/Katz S. 50; bpk Berlin/Anders S. 35; bpk Berlin/Göken S. 37, 56; bpk Berlin/Orti S. 38; bpk Berlin/Liepe S. 59; bpk Berlin/Tellgmann S. 65; bpk Berlin/Buresch S. 74; bpk Berlin/Hoffmann S. 81, 97; bpk Berlin/Eisenhart S. 85; bpk Berlin/Grimm S. 96; bpk Berlin/Aicher-Scholl S. 101; bpk Berlin/Walter, Hofmann S. 108; bpk Berlin/Peters S. 115; bpk Berlin/Werkfoto, Wolfsburg S. 144; bpk Berlin/Braun S. 159; bpk Berlin/Leibing S. 164

Landesmedienzentrum Rheinland-Pfalz, Koblenz
Rittstieg S. 14

dpa Picture-Alliance, Frankfurt/Main
picture-alliance/dpa S. 17, 40, 43, 121, 131, 132, 136, 140, 141, 169, 179, 180, 204, 205, 206, 214, 229, 230, 237, 238, 239, 241; picture-alliance/akg-images S. 47, 55, 61, 70, 89; picture-alliance/akg-images/Lessing S. 41; picture-alliance/akg-images/Asemissen S. 95; picture-alliance/akg-images/Chaldeij S. 112; picture-alliance/Lade S. 135; picture-alliance/Hiekel S. 155; picture-alliance/akg-images/Meya S. 226

Artothek, Weilheim
S. 24, 36, 74/75

akg-images, Berlin
S. 28

ullstein bild, Berlin
ullstein - ullstein bild S. 60, 66, 104, 129, 142, 143, 150, 151, 165, 166, 174, 176, 185, 188, 198, 232, 234; ullstein - joko S. 51; ullstein - Granger Collection S. 62; ullstein - LEONE S. 122

Bundesarchiv, Koblenz
S. 71 »146-1978-042-11«, S. 152 »Plak 05-36-08«

Käthe Kollwitz Museum Köln
S. 72

Atrium Verlag, Zürich 1929
S. 76

SV-Bilderdienst, München
S. 105, 109, 138

Keystone Pressedienst, Hamburg
S. 118, 148, 177, 221

Buddenbrookhaus, Lübeck
S. 137

Bundesbildstelle, Berlin
S. 124, 125, 126, 139, 147, 162, 163, 171, 172, 173, 178, 182, 183, 184, 186, 190, 191, 196, 200, 202, 210, 212, 216, 218

Premiere
Köpcke S. 189

Associated Press, Frankfurt/Main
S. 194

Ostkreuz Agentur der Fotografen, Berlin
Hauswald S. 213; Mahler S. 215

Konrad Adenauer Stifung, ACDP, Sankt Augustin
S. 217

Joachim Fieguth, Berlin
S. 223

laif - Agentur für Photos & Reportagen, Köln
Volz S. 224

Haus der Geschichte, Bonn
S. 231

Stiftung Weimarer Klassik und Kunstsammlungen
Geske S. 240

VG Bild-Kunst, Bonn 2005
S. 72, 74/75, 102